Bibliografische Information der Deutschen Nationalbibliothek: Die Deutsche Nationalbibliothek verzeichnet diese Publikation in der Deutschen Nationalbibliografie; detaillierte bibliografische Daten sind im Internet über www.dnb.de abrufbar.

Herstellung und Verlag:

BoD – Books on Demand, Norderstedt

ISBN: 9-783732-298020

Der unbekannte politische Beobachter in Berlin!

www.Dikusch-meint.de Unter dieser Kennung lief mein Blog bis Mitte des Jahres auf meiner Seite im Internet. Ende Juni diesen Jahres wurde mein Blog dann mutwillig und nachhaltig beschädigt, so das er irreparabel war. Die folgenden drei Monate sind dann nicht genau kalendarisch aufgeführt und somit in diesem Buch nach Überschriften geordnet.

Erst mit Anfang Oktober hatte ich diesen persönlichen Angriff soweit verarbeitet, das es mir wieder möglich war, bei FB unter Dikusch-meint - DER BLOG und in der Mallorca Zeitung genau und nach Daten geordnet zu berichten.

Ich, ein parteiloser Rentner, interessiere mich für Politik. Was mir dabei im Jahr 2013 durch Print-Medien, Funk und Fernsehen aufgefallen ist, habe ich in diesem Buch festgehalten und mit eigenen Kommentaren unterlegt, so wie ich unseren Staat und unsere Politik sehe.

Für Feinarbeiten, Zusammenstellungen und mehr, möchte ich meinem Sohn Björn herzlichst danken!

Ich wünsche nun allen Lesern viel Spaß!

JANUAR

02. Großspenden an politische Parteien — Seite 21
04. Sehr geehrter Abgeordneter Lauterbach, Gesundheitsexperte der SPD — Seite 22
05. Deutsche Asylbewerber und Abschiebepraxis klemmt überall — Seite 23
06. Demokratischer Wille und nicht persönliche Befindlichkeiten für die FDP — Seite 24
07. Betrug, Erfolglosigkeit, Realitätsabstinenz ist die Kennung für BER — Seite 25
08. Die SPD verarscht die Bürger in altbewährter Manier! — Seite 26
09. Rund um die Machenschaften am BER — Seite 27
10. Liebe SPD, seit ihr euch zu nichts zu Schade — Seite 29
11. Der bemerkenswerte Pressespiegel am 11.01. — Seite 30
12. Kassenärztliche Vereinigung und die Machenschaften des Vorstandes — Seite 31
    Wowereit übersteht Misstrauensvotum wie Beck seinerseits! — Seite 32
13. Bushido macht sich weiter „beliebt" — Seite 32

14. Partymeister Wowereit wird sich nicht ändern
    und düpiert Berliner Mittelstand   Seite   33
15. Gabriel schießt nächstes Eigentor   Seite   34
16. FORSA-Umfrage bestätigt Sinkflug der SPD   Seite   35
17. Rund um den Blätterwald
    Und immer wieder BER   Seite   36
19. Die entscheidende Niedersachsenwahl wird
    an Nebenschauplätzen entschieden.   Seite   37
21. Der Tag nach der Niedersachsenwahl   Seite   38
22. Deutsch-Französische Freundschaft
    auf den Tag 50jahre alt   Seite   39
23. Uni Düsseldorf eröffnet Plagiatsverfahren
    gegen Ministerin Schavan   Seite   40
24. Die FDP und Brüderle im Focus des STERN   Seite   41
25. Braucht Deutschland bewaffnete Kampfdrohnen   Seite   42
26. Umfrage zur Doktorarbeit von Schavan überflüssig   Seite   43
27. Berlin hat kein Geld für warme Uniformen!   Seite   44
28. Sexismusdebatte bei Jauch?   Seite   45
29. Die CDU entdeckt die Demokratie neu und die
    SPD bekräftigt ihre Nähe zum Kapital   Seite   46
30. Fühlt sich Wowereit in Berlin zu sicher?   Seite   47

31. Danke Herr Brüderle,
    die Sexismusdebatte brennt lichterloh!   Seite   48

FEBRUAR

01. Eine 2. Platzierung von BILD-Journalisten
    wird hochgelobt!   Seite   49
    Der STERN hat Brüderle demontiert!   Seite   50
03. Herr Gabriel, Sie nehmen ihren Beruf
    nicht ernst?   Seite   51
04. Schavan vorverurteilt, Grüne tricksen
    und Steinbrück anmaßend!   Seite   52
05. Erste Rating Agentur soll verklagt werden.   Seite   54
06. Kaum ist der Titel aberkannt,
    fordern SPD und Grüne schon Schavans Rücktritt!   Seite   54
07. BZ titelt Dr. No, anstatt sich um die
    Flughafenkatastrophe zu kümmern!   Seite   56
08. Hallo FDP, warum macht ihr immer das
    Richtige im falschen Moment?   Seite   56
10. Nun ging es doch ganz schnell mit dem
    Rücktritt Frau Schavan   Seite   57

11. Arme Niedersachsen ihr seid
    nicht zu beneiden!   Seite   58
12. Der Papst tritt zurück und über Schloss
    Bellevue steigt Rauch auf!   Seite   60
14. Der SPD Schwachsinn nimmt seinen Lauf!   Seite   60
15. Arme Niedersachsen, vor 4 Tagen angekündigt,
    jetzt Realität!   Seite   62
16. Wie Bulgaren und Rumänen
    in Deutschland abkassieren!   Seite   63
17. Kamikaze-Aufsichtsrat am BER!   Seite   64
18. „Absolute Mehrheit – Meinung muss sich
    wieder lohnen" - verdeckte Parteienspende?   Seite   65
19. Geht es nach BILD
    ist Raab der beste Politik-Talker !?   Seite   66
20. Die Wählerverachtung von Platzeck
    und Wowereit!   Seite   67
21. Aktuelles aus dem Bundestag!   Seite   68
22. Bundestag beschließt mit breiter Mehrheit
    neues Wahlrecht   Seite   69
23. Die bizarre Debatte um Lebensmittel
    mit Pferdefleisch!   Seite   70

24. Liebe Italiener, geht wählen aber nicht diesen Berlusconi!   Seite 71

25. Die Verherrlichung der ehemaligen DDR muss gesetzlich unterbunden werden!   Seite 72

26. Autisten mit Asperger-Syndrom IT-Spezialisten   Seite 73

27. Und ich dachte schon Sie wollen Kanzler werden, Herr Steinbrück?   Seite 74

28. Der Papst geht und am BER gehen die Lichter nicht mehr aus!   Seite 74

MÄRZ

01. „Mess- und Eichgesetz" im Bundesrat, Streit mit Rösler!   Seite 75

02. Die durchgeknallten Freizeitpolitiker in Berlin!   Seite 76

03. Die, die helfen sind die Dummen?   Seite 77

04. Schweizer Bürger gewinnen gegen Bänker und Spitzenmanager!   Seite 78

05. SPD Kanzlerkandidat Steinbrück jetzt schon teilweise entmachtet!   Seite 79

06. Passt Raab in die Riege der Polit-Talker?   Seite 80

Eine beispiellose Hetzaktion gegen den Ex-Präsident Wulff endet im Nichts!	Seite	81
08. Erschreckendes aus der Welt, neues vom BER	Seite	82
09. Macht sitzenbleiben klügere Köpfe?	Seit e	83
10. FDP Personaldifferenzen durch aktuellen Parteitag beendet?	Seite	84
11. Der verlogene Aufschrei von SPD und Grünen!	Seite	85
13. Frau Kraft bestätigt mit verfassungswidrigem Haushalt die Rot/Grüne Unfähigkeit!	Seite	86
14. Wir haben einen neuen Papst!	Seite	86
15. CDU und FDP beschließen 10 Stufen Plan!	Seite	87
16. Trotz Erinnerungslücken übernimmt Schily politische Verantwortung	Seite	88
17. Hilfsbedingungen für Zypern?	Seite	89
18. Eigenwilliges User-Ranking im FOCUS Online!	Seite	90
19. Das europaweite Schreckgespenst der Deutschen!	Seite	91
20. FDP als Buhmann beim NPD-Verbotsantrag ausgemacht.	Seite	91
21. Die geplanten Rentenerhöhungen zeigen, immer noch Ost und West!	Seite	92

22. INSA-Meinungstrend ein halbes Jahr
vor der Bundestagswahl. Seite 93
23. Deutsche ärmer als Franzosen, Spanier und Italiener! Seite 94

APRIL

08. Aufregung um den bevorstehenden
NSU-Prozess! Seite 95
09. Putin ist ein schlimmer
selbstverliebter Macho! Seite 96
10. Zaghafte Entschuldigungsversuche
in Richtung Wulff! Seite 97
11. Forsa bestätigt Schwarz/Gelbe Regierungskoalition! Seite 98
12. Ein Wahlslogan der alles beinhaltet? Seite 99
13. Staatsanwaltschaft erhebt Anklage gegen Wulff! Seite 100
14. Westerwelle und der neue SPD-Wahlslogan. Seite 101
15. Alternative für Deutschland (AfD),
ein seltsamer Haufen? Seite 102
16. Die USA waren nie aus dem Blickfeld. Seite 103
17. Hat sich die SPD nach Hartz und Riester
wirklich geändert? Seite 103
18. Berlin, die Hauptstadt der Bauschlampereien! Seite 105

19. Frauenquote das momentane Wahlkampfwort!	Seite	106
21. Die, die den Hals nicht voll kriegen!	Seite	107
22. Man muss noch einmal über Hoeneß reden.	Seite	108
23. Welche Verbindung gibt es zwischen Steinbrück und Hoeneß?	Seite	109
24, Anmerkungen zu Ihrem Zwischenruf aus Berlin, Herr Jörges!	Seite	109
26. BER Lärmschutz Betrug am Steuerzahler!	Seite	110
27. Achtung, Trittin und Gefolgschaft „Hochmut kommt vor dem Fall"!	Seite	111
28. Hoffnungsschimmer in Italien!	Seite	112
29. Wo sind die Unterschiede bei Hoeneß und Wulff?	Seite	113
30. Unverständliches durch Bundesverfassungsrichter!	Seite	114

MAI

01. Die Lust fremdes Geld zu verschenken!	Seite	115
02. SPD und Grüne, die Saubermänner sollen wir denken!	Seite	116
03. Die Fassade vom Gut-Mensch Hoeneß zerbricht!	Seite	117
04. Eine Lanze für die FDP brechen!	Seite	118

05. Ist Berlin noch zu retten?	Seite	119
06. Die interne Trägheit der „GÜNEN"	Seite	120
07. Bayern München, das Herz im „AMIGO-LAND"	Seite	120
NSU Prozessauftakt mit Vertagung	Seite	121
08. Fluch oder Segen, die Zuwanderer!	Seite	122
09. SPD Gabriel haut wieder einen raus, Tempolimit!	Seite	123
10. Die BILD und der inszenierte Machtwechsel!	Seite	124
14. Steinbrück, Wiesehügel und die SPD Mähr vom armen Deutschland	Seite	125
15. Wann wird der BER Sumpf endlich trocken gelegt?	Seite	126
16. Wahlmüdigkeit jetzt schon?	Seite	127
17. Die Rente, eines der größten Problemfelder!	Seite	128
18. Werden Politik und Demokratie durch Richterbeschlüsse verdrängt?	Seite	129
19. Die 50zigste Spielzeit der Fußballbundesliga ist zu Ende.	Seite	130
20. Unglaublich wie die ARD die Bundeskanzlerin beim ESC ins Spiel bringt!	Seite	131
21. BILD versucht Merkel zu schaden!	Seite	132
22. Promille-grenze für Radfahrer!	Seite	133
23. 150 Jahre SPD!	Seite	134

24. Oberster Datenschützer schafft
    zwei Klassen-Gesellschaft!   Seite   135
25. Wowereit sitzt Untersuchungsausschuss aus!   Seite   135
26. Alle guten Dinge sind drei!   Seite   137
27. Schleswig-Holstein hat gewählt.   Seite   137
28. Die Partei, nicht Steinbrück stellt das
    Schattenkabinett vor!   Seite   139
    Von wegen die „Reichen" werden immer reicher!   Seite   140

JUNI

01. Der Euro-Arbeitsmarkt ist krank!   Seite   140
02. BER sorgt erneut für Unmut!   Seite   141
03. Zur angeblichen Krise kommt reales Wasser!   Seite   142
04. Hallo SPD Obernörgler Oppermann!   Seite   143
05. Hallo Herr Kanzlerkandidat Steinbrück!   Seite   144
06. Wenn sparen so leicht ist,
    warum ist Berlin dann so arm?   Seite   145
07. Ehegattensplitting und der Schutz der Richter.   Seite   146
08. Die Sonntagsfrage, eine politische Stimmungslage.   Seite   147
09. Heute nichts neues an der Politikfront!   Seite   148
10. Pkw-Maut, ein durchaus vertretbarer Gedanke!   Seite   149

11. Gibt es jetzt einen SPD Bundestagswahlkampf
á la BILD? Seite 150
12. Immer öfter führen Grüne und SPD
Wahlkampf vor Gericht! Seite 151
13. Fernsehtag der Kandidaten zur Wahl! Seite 152
14. Assad überschreitet in Syrien
„internationale Ächtungslinie" Seite 152
15. BILD und die 99Tage Vorwahlprognose! Seite 153
17. Ein um Fassung ringender P. Steinbrück Seite 154
Heute „Obama" in Berlin Seite 154
21. Merkels und Putins Freundschaft stark unterkühlt! Seite 156
22. Bombenalarm am BER! Seite 157
23. Wahlprogramm der CDU umstritten Seite 157
24. BER Chef Mehdorn fängt an zu spinnen! Seite 158
25. Untersuchungsausschuss um die Drohnen! Seite 159
26. Mit Friedrich der 2.Minister im Fadenkreuz Seite 160
27. Wahlkampf à la BILD schon eingetreten! Seite 160
28. Gestern bei M. Illner im ZDF Seite 161
Die Parlamentspause ist eingeläutet! Seite 162

Gleichzeitig wurde mein Blog „Dikusch meint" irreparabel zerstört.

Entscheidende Themen im Juli	Seite	163-165

Mit diesen Themen beginnt der August

Geschichten über Wahlkämpfer	Seite	165-170
10. Wahlprognosen	Seite	170
12. Flughafen BER	Seite	171-172
NSA Untersuchungsausschuss		
14. DB, die Blöden	Seite	172
38 Tage vor der Wahl	Seite	173
18. Schon wieder BER	Seite	173
Bürgerfest der SPD in Berlin	Seite	174
Am Folgetag das große BILD Interview mit Gabriel	Seite	174
Butterwegge erklärt Politikverdrossenheit	Seite	175
33 Tage vor der Wahl	Seite	176
23. Die letzten 30 Tage vor der Wahl	Seite	176
24. Handelsblatt aktuell	Seite	178
26. Fußballfan Steinbrück, Wahlkampagne	Seite	178
28. Heimlich, still und leise	Seite	181
Nur einen Tag später	Seite	181

September

01. Sogenanntes Kanzlerduell — Seite 184
02. Die Wahl rückt immer näher — Seite 185
04. Auch in Bayern — Seite 186
05. Finanzierungsangebot im Syrienkonflikt — Seite 187
    Die letzten 14 Tage — Seite 188-201
23. Ein denkwürdiger Tag — Seite 202
25. Tag 2 nach der Wahl. — Seite 203
26. Tag 3 nach der Wahl — Seite 204
27. Donnerstag, der 4. Tag danach — Seite 206
28. Am 5. Tag die Focus-Geschichte — Seite 207
29. Tag 6 danach — Seite 208
30. Die Sondierungen beginnen — Seite 210

Oktober 2013

01. BILD meißelt Versprechen in Stein — Seite 211
02. USA droht Staatspleite — Seite 212
03. Tag der Deutschen Einheit — Seite 213
04. The day after — Seite 213
05. Stille bei der Linken, bis heute — Seite 214

06. Rot/Dunkelrote Planspiele in Hessen	Seite	215
07. Stegner und Kahrs, die SPD in Tradition	Seite	216
08. Kalte Progression	Seite	217
09. 2 entscheidende Rückzüge für Deutschland	Seite	218
10. Stern Enthüllungsjournalismus?	Seite	219
11. Gerichtsbarkeit:	Seite	219
12. Berliner Politikblüten.	Seite	220
13. Schwabenstreich	Seite	220
14. Irland hat es geschafft	Seite	221
15. CDU und SPD Sondieren bis in den Dienstag	Seite	222
16. Schwarz/Grün vom Tisch!	Seite	222
17. Die 3. Sondierungsgespräche mit der SPD	Seite	223
18. Postenspekulationen der Medien	Seite	224
19. Bundesparteitag der Grünen in Berlin!	Seite	225
20. Folgende Grüne Spitze wurde gewählt	Seite	226
21. SPD Datenfluss und seltsame Entscheidungen!	Seite	227
22. Zum x-ten Male Flughafen BER und Berlin!	Seite	228
23. Der Bundestag konstituiert sich	Seite	229
24. Schon wieder dieser unsägliche Flughafen!	Seite	229
25. Abhörskandal überschattet alles!	Seite	230
26. Die Zeitumstellung (Winterzeit) steht an!	Seite	231

27. Nochmal zum Abhören.	Seite	232
28. Fußball-Fan Chaoten sind ein Politikum!	Seite	233
29. Lettland und der Euro	Seite	234
30. Mütterrente	Seite	235
Kennen Sie Prof. Dr. Karl Lauterbach?	Seite	236

NOVEMBER 2013

01. Ströbele und Snowden	Seite	236
02. Snowden soll nach Deutschland?	Seite	237
03. Ein politisch nicht wichtiger Sonntag!	Seite	238
04. Wie Mallorca gegen Arbeitslosigkeit kämpft.	Seite	239
05. Anfangsverdacht auf Vorteilsannahme und irre IWF Vorstellung	Seite	240
06. Rentenbeiträge und große britische Ohren.	Seite	241
07. Rot/Grün/Rot in Hessen unwahrscheinlich zweifelhaftes Bankverhalten	Seite	242
08. Neue Steuermilliarden und Berliner Wasser.	Seite	243
09. Wo man hinsieht Pyromanen!	Seite	244
10. Die SPD, ihr Drang nach Superministerien	Seite	245
11. Die 5. Jahreszeit beginnt mit Paukenschlag!	Seite	246

12. Die SZ befasst sich mit der Rente und die
    BILD will schon wieder Politik machen   Seite   247
13. Danke Steuergeldverschwender BILD   Seite   248
14. SPD Parteitag in Leipzig.   Seite   249
15. Genauere Überprüfung von Hartz IV
    Beziehern im Internet   Seite   250
16. Kompromissbereitschaft von CDU und SPD
    auf dem Prüfstand!   Seite   251
17. Hallo, Deutschland an Bundestag!   Seite   252
18. Größenwahn an SPD, bravo macht weiter so!   Seite   253
19. Gibt es Gemeinsamkeiten
    bei Wulff und Hoeneß? NEIN!   Seite   254
20. Fortschritte der Koalitionsverhandlungen   Seite   255
21. Berlin, die Hauptstadt, das Land und die Stadt. Seite 256
22. Aufruf an Journalisten,
    die Gerichtsbarkeit und Politiker!   Seite   257
23. Ist Hessen der Warnschuss
    für Gabriel und seine SPD!   Seite   258
24. Wieder einmal beweist die SPD
    ihre Sprache der gespaltenen Zunge   Seite   259

25. Gehaltsdeckelung
    von Managern in der Schweiz abgelehnt   Seite   260
26. Deutsche Gerichtsbarkeit sollte auf den Prüfstand! Seite   261
27. Schwarz/Rot kann kommen, wenn?   Seite   262
28. Herr Gabriel, ist Danke ein Fremdwort?   Seite   263
29. EU – Klage
    mehrerer Nachbarländer wegen Pkw-Maut?   Seite   264
    Erstaunliches kommt aus Frankreich   Seite   265

Dezember 2013

01. Politik am Rande!   Seite   266
02. NRW Ministerpräsidentin Kraft
    steht hinter Gabriel   Seite   267
03. Zeit der Geschenke und Bestechlichkeit?   Seite   267
04. Ist Orkantief „Xaver"
    der Vorbote zur kommenden Regierung?   Seite   268
05. Flughafen BER sorgt für neue Aufregung!   Seite   269
06. Was kann meine Aussage
    eigentlich zur Klärung beitragen?   Seite   270
07. Wichtige Neuordnungen!   Seite   271
08. SPD / FDP bestimmen die Themen des Tages   Seite   272

09. Thailands Parlament wird aufgelöst	Seite	273
10. Offizieller Abschied von N. Mandela	Seite	274
11. Sotschi, Olympia und Politik!	Seite	275
12. Die SPD und das liebe Geld	Seite	276
13. Klitschko der Oppositionsführer	Seite	276
14. Berlin/Brandenburger Politik	Seite	277
15. Verteilung der Ministerien	Seite	278
16. Die GroKo ist in trockenen Tüchern	Seite	279
17. Nun auch in Hessen der Durchbruch	Seite	280
18. Diskus Olympiasieger Hartung initiiert Sportlotterie	Seite	280
19. Vater Mundlos missachtet ungestraft Staatsanwaltschaft und Richter!	Seite	282
20. Renten und Verteidigung	Seite	282
21. Der deutliche Unterschied von Genscher und Ströbele!	Seite	283
22. Ministerin von der Leyen in Afghanistan	Seite	285
23. 20 Jahre besetztes linken Kulturzentrums „Rote Flora" in Hamburg	Seite	286
24. Weihnachten in den christlichen Ländern	Seite	287

25. Eine nicht so schöne mallorquinische Weihnachtsgeschichte	Seite	288
26. Heute wieder die große Politikbühne –Türkei	Seite	289
27. BILD bezeichnet den Bundestagspräsidenten als Herrn Jammert!	Seite	290
28. Día de los Inocentes	Seite	291
29. Ich entschuldige mich beim neuen Fraktionschef der SPD.	Seite	292
30. Elektronische Gesundheitskarte	Seite	293
31. Jahresabschluss	Scitc	293

Großspenden an politische Parteien

Spenden an Parteien in einer Größenordnung über 50.000 Euro müssen unmittelbar veröffentlicht werden. Nach dem Bericht einiger Medien geht dieses in den letzten Jahren kontinuierlich zurück.

Die Spendenempfänger mit den höchsten Summen sind demnach die CSU gefolgt von CDU und SPD danach die FDP. Von den Grünen sagt man, sie hätten keine Spenden in dieser Höhe erhalten. Was mir auffällt die „Linke" ist gar nicht genannt.

Dieser Rückgang könnte laut „Frankfurter Rundschau" mit den Vorfällen um die Mövenpick-FDP Machenschaften bzw. mit dem Ex-Bundespräsident Wulff zusammenhängen. Leuchtet mir nicht ganz ein, denn gerade dann hätte die FDP ja wesentliche mehr, als nur eine, hohe Spende in den letzten Jahren aus der Hotellerie bekommen müssen.

Wie dem auch sei, hohe Spenden erhält man nur wenn einem vertraut wird. Diese Vertrauen scheint aber den Geldgebern ausgegangen zu sein, es muss also neu erarbeitet werden, was für alle Parteien gleicher Massen gilt.

Sehr geehrter Abgeordneter Lauterbach, Gesundheitsexperte der SPD

Herr Lauterbach, nun ist veröffentlicht worden (BILD), dass schon 500 Ärzte wegen Korruption verurteilt wurden. Ein Aufschrei geht durch alle Verbände und jeder versucht den schwarzen Peter weiter zu schieben. Diese Verhalten ist aber total üblich.

Nur eines fällt aus dem Rahmen ihre Einlassung bei der ARD. Dort bestätigen Sie ihr Wissen um eine kleine korrupte Gruppe von Ärzten. Wie sie sagen leben die in verschiedenen Punkten in Straffreiheit. Gleichzeitig bemerken Sie, dass wir nicht in einer Banancnrepublik leben, die FDP sich aber schützend vor diese Gruppe stellt. Was bedeutet sie unterstellen der FDP ein gewisse Mittäterschaft.

Ich fände es wesentlich besser, wenn Sie in ihren eigenen Reihen mal mit genaueren Überprüfungen beginnen würden und nicht so tun als wenn es diese Ärzte erst seit der Mitregierung der FDP gäbe. Scheinheiligkeit und Populismus ist der geringste Ausdruck für Ihr öffentliches Handeln als Bundestagsabgeordneter.

Deutsche Asylbewerber- und Abschiebepraxis klemmt überall!

Wie der Niedersächsische Innenminister Schünemann in der BILD feststellt: „Es ist dringend erforderlich, dass der Libanon seiner völkerrechtlichen Verpflichtung zur Rücknahme seiner Staatsangehörigen nachkommt. Hier muss nachdrücklich und unmissverständlich auf die libanesische Botschaft und die libanesische Regierung eingewirkt werden.", hat er versucht ein lange schwebendes Anliegen der Bundesrepublik neu in den Focus zu stellen.

Bundesweit bekannte ca. 200 schwerst Straftäter libanesischer Herkunft können nicht abgeschoben werden. Der libanesische Staat zweifelt deren Herkunft an. Ich könnte mir vorstellen mit folgenden Grundlagen mehr Sicherheit zu schaffen. Asylanträge mit Ausweispapieren werden vorab geprüft. Sprich der libanesische Staat muss die Echtheit des Passes prüfen und der Bundesrepublik schriftlich bestätigen. Damit kann er hinterher nicht mehr anzweifeln ob die genannte Person Libanese ist oder nicht. Es sind ja nicht nur die schwersten Straftaten die unser Gemeinwohl belasten, dazu kommen ja auch noch Millionen Unterhaltskosten für die Personen. Ich höre schon wieder alle Menschenrechtsverbände aufschreien! Wer oder was verpflichtet uns ausländische, in Deutschland verurteilte,

Straftäter zu dulden und auch noch finanziell zu unterstützen. Dies liebe Leser hat nichts, aber auch gar nichts, mit rechtem Gedankentum zu tun. Hier geht es einfach um die Sicherheit unseres Gemeinwohles an der wir wohl alle interessiert sind! Wir sprechen über einige hundert von ca. 30.000 in Deutschland lebenden Libanesen.

Demokratischer Wille
und nicht persönliche Befindlichkeiten für die FDP

Lieber P. Rösler, die Vergangenheit hat gezeigt, dass Sie an der Parteispitze der falsche Mann sind. Jedes FDP Herz muss doch zu rasen beginnen wenn es daran denkt, zum Ende des Jahres in der bodenlosen Versenkung zu verschwinden. Auch bei Ihnen müsste das so sein.

Wenn Sie und die FDP jetzt nach dem 3 Königstreffen in Stuttgart schnell handeln, ließe sich eventuell noch großer Schaden abwehren. Eines müsste doch selbst Ihnen klar sein Herr Rösler - fliegen sie in Niedersachsen aus dem Parlament und der Regierung - ist die FDP im Herbst des Jahres nur noch Geschichte. Ob das im Sinne von Heuss, Scheel und Genscher ist, wage ich zu bezweifeln.

Also Herr Wirtschaftsminister tun sie alles, bis hin zum persönlichen Rücktritt, um die demokratie-bewusste FDP im Spiel zu halten. Kein

FDP Bundestagsmandat nach 2013 würde der Demokratie in unserem Land einen erheblichen Schaden zuführen!

Betrug, Erfolglosigkeit, Realitätsabstinenz ist die Kennung für BER!

Am 13. August 2012 bereits, habe ich den Rücktritt von Wowereit gefordert. Die Zusammenhänge im Bezug auf die „Erfolgsgeschichte" BER sind doch allesamt zu nebulös. Jetzt wurde bekannt der Eröffnungstermin Oktober 2013 ist nicht zu halten. Nahezu alle Medien haben heute diese Geschichte auf Seite 1.

Mehrmals in der Vergangenheit wurden die Menschen in Berlin und Brandenburg vom Aufsichtsrat und vor allem dessen Vorsitzenden Wowereit um einen konkreten Eröffnungstermin des Flughafens betrogen.

Seit Jahren ist der Bauverlauf dieses Großprojektes in allen Bereichen von Erfolglosigkeit geprägt. Aber die Milliarden flossen trotz allem, warum eigentlich?

Zum gegenwärtigen Zeitpunkt muss dem Aufsichtsrat, allen voran aber dem Berliner Bürgermeister Wowereit, eine übergroße Portion Realitätsabstinenz bescheinigt werden.

Da steht ein SPD Politiker an der Spitze der Bundeshauptstadt Berlin und vergräbt eine Steuermilliarde nach der anderen am Großflughafen BER und seine Partei stoppt ihn nicht, behauptet stattdessen Steuergelder sinnvoller als die jetzige Regierung einsetzen zu können.

Herr Wowereit, nehmen sie endlich ihren Hut und nehmen sie ihren Parteifreund Steinbrück gleich mit. Mit solch realitätsfremden Einstellungen wie sie von ihnen vertreten werden kann ich nichts anfangen!

Die SPD verarscht die Bürger in alt bewährter Manier!

Die SPD scheint diesen Politikstil zu verinnerlichen. Was durch sie bei anderen mit dem Ausdruck „Scheibchenweise" bezeichnet wurde, hat sich nun mit Beginn „Beck" in dieser Partei breit gemacht. Es wurde sogar in Berlin noch wesentlich weiter ausgebaut. Der Rücktritt Wowereits als Aufsichtsratschef BER war schon lange überfällig. Erstaunlich für mich, er nimmt seinen Hut auf dem einen Posten sogar vor dem Flughafenchef Schwarz! Was aber dem Fass den Boden ausschlägt ist die Tatsache, dass in dem Flughafenchaos nur zwei Leute den 1. Stuhl tauschen. Wowereit gibt ab, bleibt aber im Gremium, ex-Stellvertreter Platzeck übernimmt. Diese durchsichtige SPD Strategie gipfelt nun darin, Platzeck stellt in seinem Landesparlament die Vertrauensfrage, die auf Grund der vorhandenen Mehrheiten gar nicht schief gehen kann. Ich nenne das Verarsche hoch 3.

Der SPD Vorsitzende Gabriel hatte gestern in einem kurzen Statement lächelnd den FDP Chef Rösler beinahe bedauert. Wie schwer muss ihm dass gefallen sein, angesichts der Tatsache das einer seiner Stellvertreter K. Wowereit die SPD in Berlin gegen die Wand fährt. Ich prognostiziere, bei den nächsten Umfragen wird die SPD in Berlin an der 20 kratzen.

Was aber nichts an der Tatsache ändert, dass die in der Hauptverantwortung stehende SPD in Berlin Steuermilliarden vergräbt wofür einzig und allein Wowereit verantwortlich ist.

Rund um die Machenschaften am Flughafen BER

Gerne würde ich über andere Dinge berichten. Leider aber ist dieser unsägliche Flughafen das diktierende Thema in Deutschland, Österreich und sogar in der Schweiz. Mit anderen Worten nicht nur halb Europa, sondern mittlerweile die halbe Welt spottet über die Versager an diesem BER.

Über ein Jahrzehnt, behaftet mit Pleiten, Pech und Pannen wird an diesem Flughafen nun herumgebastelt. Nach der neuesten Feststellung des Technik-Chefs Amann ist der Schaden wesentlich größer als angenommen. Weitere erhebliche Mehrkosten müssen aufgebracht werden um dann eventuell in 2014 der Eröffnung entgegensehen zu können. Dies alles aber ficht den von Wowereit gehaltenen und mit Superverträgen versehenen Flughafen Chef Schwarz nicht an. Bei seiner bevorstehenden Entlassung könnten durch die bezeichneten Verträge bis zu 1,8 Millionen Mehrkosten entstehen.

Nach dem der Druck zu groß wurde, kommt Wowereit und die SPD mit dem Platzeck Trick. Mit anderen Worten Wowereit tritt zurück, Platzeck übernimmt. Nun aber kommt die Vernebelungsmaschine der SPD zum Einsatz. Wie es scheint, musste Wowereit von seinem Parteichef Gabriel überredet werden Bürgermeister zu bleiben. Gleichzeitig kommt Platzeck theatralisch mit der Vertrauensfrage um die Ecke, wenn er den Vorsitz übernimmt. Kunststück, der Regierungskoalition Brandenburg gehören von 88 Abgeordneten 55 Stimmen. Was soll da schiefgehen?

Weiter im Raum stehen die Millionenklagen der Fluggesellschaften, der Bahn und der vielen an geschissenen kleinen Gewerbetreibenden die diese Unfähigkeit in den Abgrund zu reißen scheint!

Was sagen uns diese Machenschaften? Die SPD, die um die Vormachtstellung in Niedersachsen kämpft, hat zwei Hemmschuhe an der Backe. Steinbrück und Wowereit. Würde dieser noch vor der Niedersachsenwahl in Berlin zurücktreten müsste die SPD nicht nur in

Berlin sonder auch in Deutschland kräftige Einbussen befürchten. In Berlin ist die CDU noch nicht stark genug um den Putsch zu wagen. Sonst Herr Wowereit wären sie schon lange abgeschossen!

Liebe SPD ihr seid euch zu nichts zu schade!

Lieber Herr Gabriel, ihre schwere Kindheit haben 1000ende von Nachkriegskindern aus Trennungsfamilien durchgemacht, ich selbst eingeschlossen. Davon nimmt aber keiner Notiz, schon gar nicht die BILD. Weiterhin sind auch die wenigsten dieser Kinder kriminell geworden und durch Diebstahl und Sachbeschädigung, so wie Sie es in ihrer Geschichte enthüllen, negativ aufgefallen.

Es erstaunt mich schon, dass Sie mit dieser Geschichte 14 Tage vor der Niedersachsenwahl an die Öffentlichkeit gehen. Sie hätten doch längst einen anderen Termin finden können, so müssen Sie sich unterstellen lassen, alles reiner Populismus in Hinblick auf die Wahl. Ich kann ihnen versichern, eine Partei mit derart unflätigen Taktiken wie sie sich im Moment in Berlin und jetzt in Niedersachsen auftun wird meine Stimme niemals bekommen. Ich betone auch gerne, dass ich vor über 30 Jahren mal FDP Mitglied war, aber seit 1986 parteilos bin. In diesem Sinne Herr Gabriel!

Der bemerkenswerte Pressespiegel am 11. Januar

Es sind vier beherrschende Themen an diesem Donnerstag. Der Streit der katholischen Kirche mit dem Institut Pfeiffer aus Hannover beschäftigt einige, aber nicht viele. Das Rededuell der Niedersächsischen Spitzenkandidaten McAllister und Weil endet nach Meinung vieler Unentschieden.

Der Haupttenor aber liegt wieder einmal in Händen der SPD. Der ARD-Deutschlandtrend veröffentlicht für den Kanzlerkandidat Steinbrück nichts gutes. Seit gestern ist er 66 Jahre alt und in der Skala der beliebtesten Politiker so tief gestürzt wie noch nie. Nur 36% aller Deutschen sind mit seiner Arbeit zufrieden. Selbst Brüderle und Westerwelle sind besser angesehen wie Steinbrück. Ein Erdrutsch für die SPD.

In Berlin aber? Dort zeigt das Verhalten von Wowereit starke Ähnlichkeiten mit dem von Beck vor einigen Monaten. Auch Beck sagte einst, ich übernehme die politische Verantwortung für den Nürburgring, werde aber nicht zurücktreten. Das folgende Misstrauensvotum überstand er schadlos und wo ist er heute ? ZURÜCKGETRETEN! Herr Wowereit als Spielball der mächtigen SPD Granden wäre ich mir zu schade. Ein Berliner Novum macht mir allerdings zu schaffen. Ihre persönlichen Umfragewerte so schlecht wie nie, ähnlich Steinbrück. Die BZ titelt heute aber, es sind noch 50% der Berliner die Wowereit weiter an der Spitze der Stadt und Regierung sehen wollen. Unverständlich!

Kassenärztliche Vereinigung und die Machenschaften des Vorstandes!

Wie gestern Abend in der Berliner Abendschau zu hören war, wollen die drei KV-Vorstände die bewussten „Übergangsgelder" zurückzahlen. Dazu musste sie der Senat zwingen. Schon zu diesem Zeitpunkt hätten die Versicherten eine Rebellion anstimmen müssen, schließlich sind das ihre Gelder.

Nein, sie rennen lieber auf die Straße und demonstrieren gegen Fluglärm und -routen.

Jetzt aber kommt doch diesen drei Schwachmaten in den Sinn, die Beiträge zu erhöhen, also dem Zahler oder Versicherten in die Tasche zu greifen um sich die ca. 180.000 Euro verlorengegangener Übergangsgelder auf dem Beitragswege finanzieren zu lassen. Mit sagenhaften Erhöhungen ihrer Vergütungen soll das geschehen. Pfui Teufel kann ich nur sagen. Hallo Versicherte lasst das nicht zu!

Wowereit übersteht Misstrauensvotum, wie Beck seinerseits!

Wie soeben gemeldet wird, hat Berlins OB Wowereit das eingereichte Misstrauensvotum überstanden. Regierung SPD und CDU stimmten geschlossen für Wowereit. Resultiert natürlich aus der Tatsache, dass beide Parteien keinen tragbaren Kandidaten anbieten können. Wowereit aber sollte vorsichtig sein, die CDU liegt auf der Lauer.

Bushido macht sich weiter „beliebt"!

Warum wundert es mich nicht dass dieser „angeblich" geläuterte Mensch wieder einmal mit negativen Schlagzeilen auffällt.
Mit Meldungen von den Träumen einer eigenen Partei und einem Praktikum bei der CDU, was ich nie verstehen werde, wollte er erst einmal Ruhe in die Diskussionen um seine Person bringen. Das BAMBI und die folgende deutliche Absage von Maffay ist noch zu deutlich in unseren Köpfen. Nun also ein politischer Eklat von einem Mann, der diese Auszeichnung für sein Werk um die Integration von Migranten erhalten hat. Eine Nah-Ost Karte ohne die Landesgrenzen Israels ist natürlich politisch nicht korrekt, besser gesagt eine Provokation und muss zu solch einer Reaktion führen. Da kann man sich dann doch fragen ob eine Observation des Verfassungsschutzes bei ihm nicht angebracht ist?

Ich bitte die „Köpfe" dieses Landes künftig besser darauf zu achten, ob jemand geehrt werden soll und wofür!

Partymeister Wowereit wird sich nicht ändern und düpiert Berliner Mittelstand!

Wie ihr ja alle wisst, bin ich zur Zeit auf Mallorca. Von hier aus verfolge ich die Dinge in Berlin und was sonst noch so anliegt. Im Moment sitze ich also in Cala Millor im Eiscafe Bernadini und versuche euch meine Einschätzung zur gestrigen Jauch Sendung in der ARD zu vermitteln.

Eingangs betonte Jauch wer alles eingeladen war und wer alles absagte. Unter den Eingeladenen auch Berlins Regierender Wowereit. Er hatte abgesagt und warum? Na ist doch klar, die Premiere von Frau Furtwängler am Kurfürstendamm war ihm wichtiger, als in der Sendung drei Berliner Kleinunternehmern Rede und Antwort zu stehen. Das überließ er seinem designierten Nachfolger Platzeck.

Kurz nachdem bekannt wurde, das gefeuerte Architektenbüro Gerkan klagte gegen die Flughafengesellschaft, weil bis zur Stunde noch keiner wusste, dass fast 400 Bauänderungsanträge in diese Zeit fielen. Erstaunlich für mich - Einer der Hauptgeschädigten, Air Berlin, wurde durch Hunold vertreten, war so zahm wie eine liebe Hauskatze.

Irgendwas kann da nicht stimmen. Kühnast und Grewe jedenfalls waren sich einig, dilettantischer hätte man solch ein Großprojekt nicht führen können. Übrigens am Rande, die Vertrauensfrage von Platzeck ist nur Theaterdonner, was soll bei 55 Koalitionsstimmen gegen 33 Oppositionsstimmen schon passieren. Besser gesagt Stimmenfang für die Niedersachsenwahl.

Gabriel schießt nächstes Eigentor!

Eigentlich wollte ich mich heute der Beichte von L. Armstrong annehmen, aber diese ungeheuerlich Aussage von Gabriel aus der SZ lässt mir keine andere Wahl. Lieber Herr Gabriel mit dieser Anschuldigung gegen den Verkehrsminister Ramsauer unterstellen sie ja gleichzeitig, das ihr Vize Wowereit als Vorsitzender umgangen wurde, bzw. kein Vertrauen zu ihm besteht.

Sie können ja zu diesem Flughafen ablassen was sie wollen. Tatsache ist, Wowereit und Platzeck ihre Parteifreunde und Landesfürsten, halten einen Anteil von jeweils 37 Prozent und der Bund 26 Prozent. Nun kann der mit den wenigsten Anteilen schlecht aus der Kiste ziehen um ihm derartige Vorwürfe zu machen.

Was sagt uns dass, genau wie in Brandenburg die Vertrauensfrage, jetzt von Ihnen Theaterdonner über Ramsauer weil, ja weil am Sonntag in

Niedersachsen gewählt wird. Diese Wahl aber möchten sie unbedingt gewinnen und um das zu erreichen ist ihnen jedes Mittel recht.

Nur das sie sich dazu gerade die größte Nachkriegspeinlichkeit der deutschen Wirtschaft und Baukunst in aller Welt aussuchen, erschließt sich meinem politischen Verstand nicht!

FORSA- Umfrage bestätigt Sinkflug der SPD

Wieder einmal sitze ich im Eiscafe Bernadini um mir die letzten Pressemeldungen vor Augen zu führen. Beherrschendes Thema natürlich der Flughafen BER und die Possen darum. So z.B. verweigerten Wowereit und Platzeck ihr Erscheinen am gestrigen Dienstag im Haushaltsausschuss. Mit der Bemerkung der kurzfristigen Einladung und anderen Termin entschuldigten sie sich. Zumindest bei Wowereit weiß man, dass er zunächst bei einer Senatssitzung war dann aber durchaus Zeit für den Besuch beim Ausschuss gehabt hätte.

Spiegel online veröffentlicht eine neue FORSA Umfrage mit Ergebnissen die keinen überraschen können. Die CDU legt auf 43% zu, die SPD verliert 2 weitere Punkte und landet nun bei 23% - 2 Prozentpunkte auch die Grünen verlieren und landeten bei 14% ,Linke bei 8% und der Rest unterhalb der 5% Grenze. Mit diesen Machenschaften der SPD und dem Verhalten von Steinbrück habe ich der Partei schon im letzten Jahr einen Absturz auf 20% vorausgesagt. Der Trend bestätigt dieses.

Heute fallen aber weitere wichtige Entscheidungen im Aufsichtsrat des BER, auch die Nachfolgerin von K. Beck - Malu Dreyer soll heute im Amt bestätigt werden. Das heißt, ein paar Tage vor der Niedersachsenwahl ist viel Getöse durch die SPD angesagt. Sonntag Abend werden wir wissen was es Wert war.

Rund um den Blätterwald und immer wieder BER!

Neben den Besorgnis erregenden Ereignissen in Mali, einem Feuer in einem Londoner Bahnhof, der Stilllegung aller Dream-Liner von Boeing weltweit und der Tatsache das es in Deutschland mittlerweile nur noch drei Nettozahler im Länderfinanzausgleich gibt, kommt man nicht am BER vorbei.

Gestern bekräftigte der Technik-Chef Amann das wohl an eine Eröffnung nicht vor 2015 zu denken ist. Die Spitzenrochade ist gelungen, nun ist Platzeck neuer Chef und mahnt entschlossen wichtige Veränderungen für die Zukunft an, anscheinend waren ihm als Vize die Möglichkeiten nicht gegeben. Schwarz ist entlassen und die Nachfolge geht in eine weltweite Suche über, um einen renommierten und vor allem fähigen Nachfolger zu finden.

Teilweise ist es der SPD gelungen den schwarzen Peter an den Bundesverkehrsminister weiter zu geben. Bestehende Tatsache ist aber weiterhin, jeder Vorschlag von Seiten des Bundes kann nur von einem der beiden beteiligten Länder Berlin oder Brandenburg abgeschmettert werden.

Ich bin gespannt, welches neue Betriebsklima Platzeck als Chef und nicht mehr als Vize schaffen wird. In diesem Sinne gibt es bestimmt bald wieder Neues zu berichten.

Die entscheidende Niedersachsenwahl wird an Nebenschauplätzen entschieden!

Da bemühe ich mich seit über 50 Jahren Demokratie zu verstehen, habe es bis heute aber nicht geschafft. Schauen wir nach Niedersachsen, alle Prognosen sagen die CDU ist die Partei welche von der Mehrheit gewollt ist. Sie liegt in allen Umfragen ja auch weit vor der SPD. Aber schon im Vorfeld macht die SPD klar, solange liebe CDU wie die FDP nicht in den Landtag kommt, hast du zwar die bürgerlich gewollte Mehrheit aber entscheiden werden wir.
Denn wir haben ja die Grünen als Partner.
Nicht der Wille des Volkes zählt, sondern einzig und allein der Wille zur Machtübernahme. Gehen wir mal davon aus die SPD bricht noch

ein bisschen ein und die Grünen auch, so dass beide zusammen nicht die CDU erreichen und die FDP bleibt draußen. Dann auf einmal ist die SPD bereit mit der CDU zu reden und als Juniorpartner in die Regierung zu ziehen. Ist das Demokratie?

Morgen Abend wissen wir mehr und am Montag morgen alles. Bis dahin. Den morgigen Tag lasse ich aus!

Der Tag nach der Niedersachsenwahl!

Nun ist also die erste Wahl des Jahres gelaufen. So wie es aussieht wird die Kombination Rot/Grün die Nase vorne haben. Denkbar knapp mit einem Sitz Mehrheit im Niedersächsischen Parlament. Dieser Wechsel fußt auf einem halben Prozentpunkt mehr Stimmen. Nach meinen Berechnungen rund 20.000 Stimmen. Was mich dabei stört sind aber zwei Dinge, welche am Rande geschehen. Zum einen wird nun wohl Rot/Grün die Mehrheit im Bundesrat übernehmen, was auf einen politischen Stillstand hindeutet.

Zum zweiten aber erwacht in mir der böse Groll, wenn ich diese eingebildeten und bornierten Politiker der Grünen höre. Sie tun allesamt so, als wären sie die großen Wahlgewinner. Dabei sind sie in Wirklichkeit nur die Mehrheitsbeschaffer für die SPD. Nur weil ihr Parteifreund Kretschmer in Baden-Württemberg eine Amtsperiode als

Landeschef verbringen darf, sind sie noch lange keine große Partei.

Gut an der Wahl dass es vier Parteien im Landtag bleiben und wir nicht zu einem unsäglichen 3 Parteienland zurückgefallen sind. Dabei sollten die Grünen nicht vergessen, dass sie rund 4 Wochen vor der Wahl in Niedersachsen mit der SPD zusammen einen satten Vorsprung hatten. Daraus wurde ein Zittersieg der noch nicht endgültig entschieden ist.

Deutsch-Französische Freundschaft auf den Tag 50 Jahre alt!

Der Aufmacher aller Deutschen Medien ist natürlich der am 22. Januar 1963 unterzeichnete Elysee-Vertrag zwischen Frankreich und Deutschland. Die Protagonisten Präsident Charles de Gaulle und Bundeskanzler Konrad Adenauer. Zu diesem Anlass gibt es erstmalig eine gemeinsame Sitzung des Bundestages und des Parlament français im Reichstag.

Deutschland und Frankreich der europäische Motor. Gibt es gelegentlich auch Differenzen zwischen Hollande und der Kanzlerin, geht man am Ende doch in die gleiche Richtung. Dies aber ist unendlich wichtig für den Fortbestand Europas und seiner Stabilität.

All den jüngeren Lesern meines Blogs soll mit dem heutigen Ereignis auch näher gebracht werden - hallo wir haben 50 Jahre ohne Krieg überstanden - und wollen diese Zahl als Grundstein für viele weitere friedliche Jahre in Europa und auf der Welt betrachten.

Ein alter Präsident und ein neuer Euro-Gruppenchef, die FDP und die abschließende Beurteilung der Niedersachsenwahl brachten gestern viel Diskussionsstoff.

Uni Düsseldorf eröffnet Plagiatsverfahren gegen Ministerin Schavan

Wir alle sind uns doch einig, vor 33 Jahren gab es lange nicht die Recherchemöglichkeiten wie sie heute Alltag sind. Trotz allem aber eröffnet die Uni Düsseldorf, genauer gesagt der Fakultätsrat, mit 14 Ja Stimmen und einer Enthaltung ein Verfahren gegen die Bundesbildungsministerin. Wie aus den Medien zu entnehmen ist, gibt es durchaus gegensätzliche Stimmen. Ich möchte alle Beteiligten davor Warnen, mit diesen Plagiatsspielchen weiter zu machen. Am Ende steht Deutschland ohne die Hälfte seiner Doktoren da. Es sei denn - diese Spielchen sind gezielt und haben doch einen parteipolitischen Hintergrund. Natürlich würde ein Entzug der Doktorwürde von Frau Schavan der Rot/Grünen Verbindung in die Karten spielen. Natürlich ist der Ausgangspunkt wie zufällig NRW, Hoheitsgebiet von Frau Kraft, natürlich im Vorfeld der Bundestagswahl. Für mich bringen die andauernden Verdächtigungen, ausschließlich gegen CDU oder FDP

Mitglieder, ein „Geschmäckle" mit.

Ich bitte alle mal darüber nachzudenken, wie es einem selber gehen würde, wenn durch irgendwelche Leute, die eigene vor 33 Jahren geschriebene Doktorarbeit, in Frage gestellt würde.

Die FDP und Brüderle im Focus des STERN

Ich finde schon interessant was da gerade im „STERN" abgeht. Vor zwei Tagen habe ich ein tolles Zwiegespräch zwischen „STERN" Jörges und FDP Kubiki erleben dürfen. Der Journalist Jörges hat dem FDP Vorstandsmitglied Kubiki eindringlich erklärt, was zur Zeit in der FDP los ist. Schlimm nur, Kubiki betonte ein um das andere Mal, sie waren doch gar nicht dabei Herr Jörges, wissen aber besser Bescheid wie ich!

Nach mehr als einem Jahr taucht nun eine angebliche sexistische Verfehlung des FDP Spitzenkandidaten Brüderle auf. Er soll an der Hotelbar der damaligen Stern-Redakteurin Laura Himmelreich zu nahe gekommen sein? Ist es hier auch so wie bei Herrn Jörges, sie war gar nicht anwesend wusste aber was geschehen war? Warum kommt dieser Artikel erst ein Jahr später und warum nicht von Frau Himmelreich?

Sehr auffällig natürlich, das alles geschieht 1-2 Tage nach der Benennung von Brüderle als Spitzenkandidat der FDP. Da kann Jörges tausendmal beteuern, dass ihm am Herzen liegt die FDP weiterhin auf der Bundespolitischen Bühne zu erleben. Was hier gerade abgeht ist der Versuch eine erneute Schwarz/Gelbe Koalition im Herbst zu verhindern.

Braucht Deutschland bewaffnete Kampfdrohnen?

Warum, Frau Bundeskanzlerin Merkel und Herr Verteidigungsminister Thomas de Maizière, braucht die Bundeswehr diese Kampfmaschinen? Ich kann durchaus verstehen und erwarte auch, dass Sie um die Sicherheit unserer Soldaten im Auslandseinsatz besorgt sind. Mir stellt sich folgende Frage: der Natoverbund hält doch allerhand Kampfmittel vor.

Aktuelles Beispiel Türkei. Dort wird um bestimmt Hilfe gebeten und der Nato-Partner Deutschland hat genau diese Möglichkeiten und hilft. Es kann doch nicht in ihrem und unser Allem Interesse sein, dass unsere Bundeswehr für immer mehr Kriegseinsätze im Ausland herangezogen wird. Also soll sich die Nato mal Gedanken machen, wie die wichtigen militärischen Kampfmittel verteilt und angeschafft werden.

Ich meine wichtig ist, dass die Allianz über die entsprechenden Mittel verfügt. Also Deutschland hat die Patriot-Raketenabwehr, andere

Partner können nun diese Drohnen anschaffen. Das eingesparte Geld kann sicherlich im Schutzbereich jeden einzelnen Soldaten eingesetzt werden. Halte ich für sinnvoller!

Umfrage zur Doktorarbeit von Schavan überflüssig!

Lange habe ich überlegt dieses Thema noch einmal aufzunehmen. Ich habe mich dafür entschieden weil angeblich eine Umfrage ergeben hatte: Über 50% der Befragten gaben an, wenn Frau Schavan ihren Doktortitel verliert müsse sie auch ihren Ministerplatz räumen. Warum eigentlich ist Frau Schavan eine andere als Frau Dr. Schavan? Oder glauben diese Menschen, sie wäre nur Ministerin geworden weil sie Dr. ist?

Ich weiß nicht wer die ewigen Plagiatsvorwürfe ausschließlich gegen FDP und CDU/CSU in die Welt setzt. Sicher aber ist eines. Heute gebe ich einen Satz ins Internet und kann feststellen von wem er ist. Glauben diese Menschen tatsächlich, dieses war vor mehr als 30 Jahren einem Studenten möglich?

Also wenn diese unsägliche Hatz nicht aufhört fordere ich eine eigene Bundesdienststelle die nur darauf ausgerichtet ist alle Doktorarbeiten der gewählten Bundestagsmitglieder und der noch zu wählenden zu überprüfen. Dann erst ist in diesem Spiel eine Gleichheit, wie es das

Grundgesetz vorschreibt, erreicht!

Berlin hat kein Geld für warme Uniformen!

Warum wundert mich diese Aussage nicht? Da haben wir gegenwärtig Nachts Temperaturen bis Minus 18 Grad in Berlin und die Objektschützer haben keine angemessene Kleidung. Als vor einigen Jahren die Uniformfarbe von Grün auf Blau umgestellt wurde (für mich ohne Notwendigkeit) und zusätzlich die Einkleidungskriterien verändert wurden, war die Zeit von warmen Klamotten gestorben.

Wie die BZ berichtet haben die Objektschützer eine Grundeinkleidung, zu der aber keine für diese Temperaturen geeignete Kleidung gehört. Nun hat jede Person ein Einkleidungsguthaben von 150 Euro jährlich, welche zweckgebunden im Polizei eigenen Shop verbraucht werden können. Eine Jacke, keine Winterjacke kostet aber schon 170 Euro. Herr Henkel ändern sie diesen von Rot/Rot hergestellten Sachverhalt schnellstens. Unter diesen Umständen ist auch teilweise der hohe Krankenstand bei der Behörde zu erklären.

Wenn ich jetzt mal ganz krass denke, kommt dabei zum Vorschein: kein Wunder, wofür soll dieser Senat überhaupt noch Geld übrig haben, bei diesem Flughafenprojekt ?

Sexismus-Debatte bei Jauch?

Gestern Abend 21.45 Uhr G. Jauch stellt seine Gäste vor. Die Frauen Wizorek, Koch-Mehrin, Schwarzer und Bruhns sitzen den Herren Karasek und Osterkorn gegenüber. Sie alle wollen über die angeblich sexistische Anmache des R. Brüderle diskutieren. Klar das der Chef-Redakteur des Stern Osterkorn Form und Zeitpunkt des Erscheinens, wie er sagt einer „Brüderle-Biografie", verteidigt.

Schnell wird klar, Karasek und Bruhns halten das alles für aufgeblasenen Journalismus. Koch-Mehrin schwirrt so in der Mitte rum und räumt ein, dass auch sie von Kubiki vor langer Zeit angeflirtet wurde. Man einigt sich darauf, dass die Grenze vom Anflirten zum Sexismus von jeder Frau im einzelnen beurteilt werden muss.

Nun kommt Frau Wizorek ins Spiel. Sie hat über Twitter eine Riesenwelle ausgelöst und gibt sich als junge Feministin, unterstützt durch die Altmeisterin Schwarzer, kämpferisch. Bis zum Zeitpunkt der Sendung gab es wohl rund 60.000 Einträge bei Twitter, in dem von ihr eingestellten „Aufschrei".

Ich finde diese Diskussion zeigt eindeutig die Schwäche der Frau auf. Solche, täglich Millionen mal gebrauchte Floskeln und sexistischen Ausdrücke, übrigens von beiden Geschlechtern, vor allem bei der jüngeren Generation, jetzt in den STERN zu setzen, kann nur eine politische Kampagne gegen die FDP bedeuten!

Liebe Frauen und seien sie doch ehrlich. Eine Freikarte für die „Chippendales" schlägt kaum eine von ihnen aus. Dort aber geht es dermaßen sexistisch zu wie kaum woanders. Darüber habe ich in dieser Debatte bis jetzt kein Wort gehört. Aber Frau Wizorek spricht von Ehrlichkeit in der Debatte!

Die CDU entdeckt die Demokratie neu und die SPD bekräftigt ihre Nähe zum Kapital!

Nach dem in letzter Zeit in den Reihen der CDU darauf hingewiesen wurde keinen Lagerwahlkampf mehr zu führen, bewegen sie sich in die richtige Richtung. Der Wähler in einem Bundesland oder auch in Deutschland wählt eine Partei und sollte dann darauf vertrauen können das der Wahlsieger auch die Richtung vorgibt. Dieses Prinzip, welches seit Jahrzehnten von SPD und Grünen umgangen wird, ist aber für den Wähler wichtig. Seit mehreren Landtagswahlen bezeichnet sich die SPD als Wahlsieger, obwohl sie hinter der CDU zurückliegt. Die gehen ja soweit und behaupten öffentlich jetzt im Bundesrat die Mehrheit zu besitzen. Achtung, das ist eine krasse LÜGE. Nur unter der Mithilfe der Links Partei in Brandenburg kommt eine Rot/Grüne Mehrheit zustande. Nur mit der Dänischen Minderheit kommt in Schleswig

Holstein eine Mehrheit zusammen. Aber die SPD ist Wahlsieger?

Zu allem Überfluss nun auch noch dieses. In einigen Medien kursiert ein Bild von P. Steinbrück und S. Gabriel, beide gestikulierend und in deren Mitte B. Gates. So sieht 100% Nähe zum Kapital aus. Wird aber vom SPD Vorstand und Steinbrück auf das heftigste geleugnet. Für Gates eine 20 minütige Redezeit während einer Klausurtagung der SPD in Potsdam. Noch schlimmer wie die Rede von Steinbrück vor Bänkern.

Liebe SPD, gewinnt doch nur einmal eigenständig eine Wahl, dann könnt ihr auch davon reden Wahlsieger zu sein und dem Auftrag der Wähler nach kommen!

Fühlt sich Wowereit in Berlin zu sicher?

Da wird gestern Abend über den RBB bekannt, dass die SPD in Berlin die S-Bahn zu einem landeseigenen Betrieb machen möchte. Berlins Verkehrssenator Müller ist beauftragt, die entsprechenden Sondierungen zu beginnen.

Ohne Sondierung weiß man aber, so steht das nicht im Koalitionsvertrag mit der CDU. Hier ist eine Teil-Privatisierung angestrebt. Dementsprechend ist größerer Zoff in der Regierungskoalition angesagt. Dieser Alleingang der SPD und

Wowereits deutet darauf hin, dass sich der Regierende nach seinem überstandenen Misstrauensvotum, zu sicher fühlt.

Sollte er nicht tun! Herr Wowereit, Sie wissen doch genau wenn Sie sich mit ihrem Partner CDU überwerfen und Henkel die Reißleine zieht überstehen keinen erneuten Misstrauensantrag. Die mir letzten bekannten Umfragen sehen die CDU in Berlin vorn. Dann Herr Wowereit könnte es ihnen genau wie im Aufsichtsrat des BER ergehen. Sie tauschen ihren Platz mit F. Henkel. Es sei denn Sie greifen auf die bundesweite Rot/Grün angestrebte Partnerschaft zurück und würden wiedereinmal den Wählerwillen missachten. Ich sehe mit Spannung der kommenden Entwicklung entgegen!

Danke Herr Brüderle, die Sexismus-Debatte brennt lichterloh!

Ehrlicher Weise habe ich nicht geglaubt, dass dieser STERN Bericht über Brüderle in einen derartigen Flächenbrand ausartet. Das bedeutet für mich im Moment, der FDP Mann war das Streichholz, welches die Journalistin Himmelreich entzündetet, das entstandene Feuer ist aber außer Kontrolle geraten.

Deutschland hat, wie einige jetzt urplötzlich meinen, eine schon lange überflüssige Sexismus-Debatte begonnen. In allen Printmedien und auch im Fernsehen kommt man daran nicht vorbei. Dabei spielt der Begriff „Sexismus" eine gewichtige Rolle. Was aber ist Sexismus, wer entscheidet das und wie ehrlich sind diese Entscheidungen? Das sind Dinge die uns alle beschäftigen.

Eines jedoch fällt mir auf liebe Frauen. Nach jüngsten Meldungen haben sich bereits über 90.000 weibliche Mitbürger an einer Twitteraktion beteiligt. Darf ich Sie was fragen? Können Sie mir erklären, warum die Chippendales seit mehr als 30 Jahren weltweit vor vollen Häusern auftreten und seit dieser Zeit auch nicht mit Sexismus geizen. Warum ihr Frauen, rennt ihr dort in Scharen hin und beschwert euch aber über ein paar leichtsinnig gesprochene Worte von Brüderle.

Das lässt für mich nur einen Schluss zu, der Artikel von Frau Himmelreich wurde für eine Attacke gegen die FDP missbraucht.

Ein 2. Platz von BILD-Journalisten wird hochgelobt!

Ich zitiere eine BILD Nachricht:

Große Ehre für zwei BILD-Journalisten.

Gestern wurden im Deutschen Historischen Museum die Enthüller der Wulff-Affäre mit dem „Medium Magazin"-Preis für die „Journalisten des Jahres 2012" geehrt. In der Kategorie „Reporter" belegten BILD-Vize Martin Heidemanns (49) und Redakteur Nikolaus Harbusch (37) den 2. Platz. Begründung der Jury: „Sie haben die Merkwürdigkeiten beim Wulffschen Hauskredit weiter recherchiert, als andere schon aufgehört hatten."

Obwohl bis heute nicht eine einzige Anklage gegen EX-Bundespräsident Wulff vorliegt, werden hier zwei Reporter dafür geehrt, dass Sie weiter als andere mit nicht immer anständigen Mitteln in der Privatsphäre der Wulffs herumgestochert haben. Im Übrigen für die Gewinner hatte die BILD auch eine Zeile übrig.

Diese Preisvergabe muss doch Ansporn für jeden jungen deutschen Reporter sein, in jeglicher Privatsphäre rumstochern ohne Ansehen der Person oder des Amtes. Wenn das der Journalismus der Zukunft in den Printmedien ist, kann man gut und gerne darauf verzichten.

Der STERN hat Brüderle demontiert!

Der neueste Deutschlandtrend der ARD bestätigt, die Stern-Berichterstattung über die gesammelten Werke der Frau Himmelreich und der angezettelten SEXISMUS-Debatte haben die „öffentliche" Person R. Brüderle schwer beschädigt. Mit einem Verlust von 9 Punkten ist er in der Skala auf den vorletzten Platz abgerutscht. Die „arme" angeblich leidtragende Journalistin hat sich in aller Munde gebracht, natürlich in positivem Licht.

Der Respekt, welcher vom STERN eingefordert wird, muss aber beidseitig angewendet werden und nicht nur so wie es einem passt. Nach allem was wir bisher erfahren haben, hat ja Frau Himmelreich mit ihrer Fragestellung und der Anspielung auf das Alter von Brüderle, angefangen zu stänkern. Also STERN ich bleibe dabei, dies war ein bewusst angezettelter Angriff auf die FDP, auf Brüderle und die Regierungskoalition.

Herr Gabriel, Sie nehmen ihren Beruf nicht ernst?

In der BamS entdecke ich heute Morgen ein Interview mit Sigmar Gabriel, in welchem er zum Schluss betont „man solle Politik nicht so wichtig nehmen". Lieber Bundestagsabgeordneter und Parteivorsitzender, der Wähler hat Sie beauftragt mit aller „Wichtigkeit" ihrem Beruf als Politiker nachzugehen.

Sie sind schließlich kein Handwerker oder Freiberufler oder was weiß ich sonst was. Sie sagen „ich hätte es mir nie verziehen, wenn ich diese Woche nicht an der Seite meiner Tochter im Krankenhaus gewesen wäre", nachvollziehbar, sie sagen aber auch gleichzeitig „meine Frau musste arbeiten". Dadurch nehmen sie als SPD Vorsitzender eine Wertung vor und stellen den Beruf des Zahnarztes über den Beruf eines Politikers, welchen man nicht so wichtig nehmen sollte, dass aber ist nicht nachvollziehbar!

Zu den üblichen SPD Sangesweisen über Mindestlohn, Kanzlerfavorit Steinbrück und die vollkommen falsche Politik der Regierung natürlich auch einen Seitenhieb auf Brüderle. Sie selbst benennen einen Ausrutscher zu Lasten ihrer 2. Quotenfrau Schwesig, ich habe mich aber gleich danach entschuldigt, sagen Sie. War das auch nachts vor einer Hotelbar oder war das völlig bewusst im Tagesgeschäft. Sie sollten lernen, die Dreckschleuder nicht zu laden, wenn Sie den Mist in der eigenen Hosentasche haben. Aber alles was ich in letzter Zeit von Ihnen lese deutet wirklich darauf hin die Politik nicht zu ernst zu nehmen, nach dem Vorbild der Berliner Halbtagesabgeordneten, sich selbst aber gerne im Mittelpunkt zu sehen.

Schavan vorverurteilt, Grüne tricksen und Steinbrück anmaßend!

Eine große Tageszeitung, die FAZ.NET titelt heute:

„Schavan wird wohl den Titel verlieren"

Ein Heft mit den Zitierregeln aus dem Jahre 1978 ihres Institutes sei aufgetaucht. Demnach benötige es keine weitere Prüfung um ihr den Titel zu entziehen. Keiner fragt aber, wer diese Doktorarbeit geprüft und Frau Schavan den Titel verliehen hat. Sind in allen angeblichen

Plagiatsvorwürfen nicht diese Menschen und Institute genau so verantwortlich? Im übrigen verjähren in Deutschland Verbrechen, mit wenigen Ausnahmen, nach 30 Jahren. Es ist schon ein starkes Stück Plagiatsverdacht auf die selbe Stufe wie ein schwerstverbrechen zu stellen!

Kommen wir nun zu den „Grünen" in Baden-Württemberg. Für Fragen rund um Stuttgart21 hat Verkehrsminister Winfried Hermann (60, Grüne) ein Bürgertelefon eingerichtet. Eigentlich ein vernünftiges Vorhaben. Nur leider muss man die Ausführung in Frage stellen. Denn ruft man diese Nummer an, erwartet einen folgende Ansprechpartnerin: Beatrice B. Sie schreibt auf der Homepage des BUND: „Mir ist wichtig, dass S21 auf allen möglichen Ebenen bekämpft wird. So stellen sich die „Grünen" also eine neutrale Auskunftsstelle vor. Donnerwetter, viel gelernt vom großen Wunschpartner zur Wahl.

Nun noch einer meiner Lieblingspolitiker, P. Steinbrück. Was reitet Sie eigentlich so vehement in den Printmedien zwei TV Redeuelle mit Frau Merkel zu fordern und ihr zu unterstellen sie würde kneifen. Herr Steinbrück, mit Ihrer Forderung setzten Sie permanent die TV Anstalten unter Druck und nicht Frau Merkel. Dies was Sie tun ist ein klarer Versuch die Medien zu beeinflussen. Dafür aber hat gerade ihre Partei z.B. Wulff und andere Politiker stark kritisiert. Es ist nicht erstaunlich, dass bei ihnen andere Maßstäbe angewandt werden. So ist die SPD nun einmal.

Erste Rating Agentur soll verklagt werden

Es ist schon sehr erstaunlich, dass ausgerechnet die amerikanische Regierung die größte Rating Agentur Standard & Poor´s verklagen will. Das wurde von der Fa. bestätigt. Es geht um Papiere aus dem Jahre 2007, diese wurden von S&P mit der Bestnote Triple-A ausgezeichnet. Investoren hatten sich auf diese Bewertung verlassen und darauf hin viel Geld verloren. Selbst diese Papiere verloren Ruck-zuck an Wert. Das S&P natürlich sagt, diese angestrebte Klage sei völlig ohne Grundlage, war zu erwarten. Wollen wir abwarten wie sich das alles entwickelt. Die Zeit war gekommen diesen Agenturen ein deutliches Zeichen zu setzen, dass es allerdings aus Amerika kommt war nicht unbedingt absehbar.

Kaum ist der Titel aberkannt, fordern SPD und Grüne schon Schavans Rücktritt!
Nun also ist es passiert. Nach 33 Jahren wird Frau Schavan schlimmer behandelt wie ein Schwerverbrecher. Ein Teil ihres Lebenswerkes

wurde brutal zerstört. Hier wird der nächste Mensch demontiert und das nicht im Verborgenen, sondern in aller Öffentlichkeit. Keiner aber fragt nach den Prüfern dieser Dissertation denen gleiches unterstellt werden muss wie der Doktorandin selbst. Diese Personen leben aber im Bürgertum und würden keinerlei öffentliches Interesse hervorrufen! Es sind noch keine 12 Stunden vergangen da brüllen SPD und Grüne schon nach Rücktritt. Dabei ist uninteressant ob Frau Schavan noch weitere Rechtsmittel hat. Die, die vor einer Promotion gekniffen haben brüllen dabei am lautesten Frau Nahles, Frau Künast, Herr Gabriel. Mich würde schon einmal das Ergebnis einer Prüfung der Dissertation von Herrn Steinmeier interessieren. Ist aber nichts bekannt eventuell wird es ja jetzt etwas. Noch Schlimmer aber liebe Frau Kühnast, Ihr oberheiliger Fischer hat Polizisten mit Steinwürfen verletzt und das war vor Amtsantritt bekannt. Bei ihm haben sie stets auf eine 2. Chance hingewiesen.

Für mich bedeutet das, SPD und Grüne bewerten die vorsätzlich schwere Körperverletzung eines Polizisten als weniger Bedeutend wie irgendwelche Verfehlungen bei einer Dissertation, noch dazu nach 33 Jahren. Ich kann nur sagen von solchen Parteien und Personen möchte ich nicht regiert werden.

BZ titelt Dr. No,
anstatt sich um die Flughafenkatastrophe zu kümmern!

Die Berliner Springer-Tageszeitung BZ hievt den noch nicht rechtskräftigen Entzug des Doktortitels für Frau Schavan auf die Titelseite. Viel wichtiger sind aber die fortdauernden Unzulänglichkeiten am BER. Ich glaube, Wowereit und Platzeck haben sich nicht vorstellen können eines Tages als Titelhelden einen Mainzer Umzugswagen im Karneval zu schmücken. Tolle Werbung für eine Brache die sich Flughafen nennen möchte.

Hallo FDP,
warum macht ihr immer das Richtige im falschen Moment?

Das die FDP sich erneut und verstärkt profilieren muss ist allen klar Herr Hahn. Wenn ich aber in Ihrer Position bin und eine lange überfällige Diskussion in Gang bringen will, dann muss man jedes Wort auf die Goldwaage legen!
Kaum haben Sie es in Niedersachsen geschafft im Landtag zu bleiben, weil es unter anderem im internen Parteienkampf ruhiger geworden ist. Noch ist Brüderle in aller Munde, wie wir heute wissen zu Unrecht, aber Deutschlandweit verunglimpft. Da kommen Sie mit dieser völlig unglücklichen Darstellung ihres Parteivorsitzenden. Viele Institutionen

nehmen Sie, genau wie viele Menschen, in Schutz. Aber es wird Sie und ihre Partei zur Bundestagswahl nicht stärken.

Die Opposition freut sich natürlich, genau wie die Medien, über diese Steilvorlage. Ihre Aussage Herr Hahn ist die Wahrheit, aber keinesfalls wahlkampfgerecht aufgearbeitet. Wundern Sie sich nicht, wenn ihr mühsam angestrebter 5% Kampf erneut einen Dämpfer bekommt. Versucht doch jetzt endlich einmal absolute Ruhe bis zum 22. September in die FDP zu bekommen, dann wird es auch noch für den Bundestag reichen.

Nun ging es doch ganz schnell mit dem Rücktritt Frau Schavan?

Eigentlich wollte ich Pause machen, bis die tollen Tage vorbei sind. Wie man sieht, die Politik lässt es nicht zu!

Auch hier gibt es tolle Tage. Gestern war ein solcher, pünktlich um 14 Uhr traten die Kanzlerin und ihre Freundin Anette Schavan vor die Presse im Bundeskanzleramt und verkündeten gemeinsam den Rücktritt der Bildungsministerin.

Mehr als deutlich kam zum Ausdruck, dieser Rücktritt ist dem Amt geschuldet, um es nicht zu beschädigen. Dieser Rücktritt ist dem Anstand geschuldet und vor allem hätte A. Schavan dem Wahlkampf der CDU und damit ihrer Freundin A. Merkel erheblich geschadet, wäre sie nicht zurück getreten. Mit der aus Niedersachsen kommenden Johanna Wanke ist die Nachfolgerin bereits gefunden.

So, Opposition zufrieden? Bei schnell eingeleiteten Umfragen haben sich mehr als die Hälfte der Befragten für diesen Rücktritt ausgesprochen. Die Medien haben ihn, den Rücktritt, ja reichlich publiziert. Darüber hinaus haben die meisten aber vergessen, das es immer noch Frau Dr. Schavan heißt und zwar solange bis ihre Rechtsmittel erschöpft sind. Hier zeigt sich ganz deutlich, wie die SPD und Grünen die Wählerschaften manipulieren, obwohl ihnen der zuvor genannte Sachverhalt bestens bekannt ist, wird Frau Schavan in der Luft zerrissen. Natürlich Wahlkampf - aber öffentliche Vorverurteilung durch demokratischen Parteien, das finde ich ist unterste Schublade!

Ich frage mich im Ernst was denn passieren würde, wenn Frau Schavan ihren Doktortitel, auf rechtlicher Ebene entschieden, behalten kann?

Arme Niedersachsen ihr seid nicht zu beneiden!

Zum wiederholten mal hat die SPD ja nun betont, dass die CDU die fünfte Wahl in Folge verloren hat. Es ist halt die Art der Partei die Bürger zu belügen. Tatsache ist, dass die SPD nicht in einer dieser 5 Wahlen mehr Prozentpunkte als die CDU erreicht hat. Nur weil den

Grünen nach den Wahlen immer großzügige Wahlgeschenke gemacht werden können die Roten mit den Grünen regieren.

Jüngstes Beispiel Niedersachsen. Vom Stimmproporz dürften die Grünen höchstens 3 Ministerposten erhalten, tatsächlich aber bekommen sie 4 Ministerien und haben dabei noch Schwierigkeiten eine passende Frau für eines der folgenden (Umwelt, Justiz, Wissenschaft) Ministerien deutschlandweit zu finden.

Jetzt aber zum Kern, warum die Niedersachsen nicht zu beneiden sind. Fortan wird ein SPD Finanzminister die Gelder im Lande verteilen. Da aber gibt es nichts gutes zu berichten. Die größten Steuergeldvernichter sitzen nun mal in NRW, in Rheinland-Pfalz, in Hamburg und vor allem in Berlin. Alle Länder SPD regiert. Ob das was zu sagen hat?

Am Rande noch dieses: Ein seit gut 20 Jahren im Bundestag vertretener Politiker G. Gysi, ein Mann der mir bei seiner ersten Bundestagsrede, die Demokratie erklären wollte. Seine Immunität wurde bereits Ende Januar aufgehoben und die Staatsanwaltschaft Hamburg ermittelt gegen ihn. Hoffentlich haben die Stasilügen bald ein Ende und werden einer Verurteilung zugeführt. Zeit wird es die Verharmlosung der „DDR" zu beenden und alles damit in Verbindung stehende aufzudecken.

Der Papst tritt zurück
und über Schloss Bellevue steigt Rauch auf!

Völlig überraschend gab gestern Papst Benedikt XVI seinen Rücktritt zum 28. Februar, 20 Uhr bekannt. Vermutungen, Hintergründe und ein paar seltsame Dinge werden nun medial aufgearbeitet. Joseph Ratzinger sagt, er habe nicht mehr die Kraft die Last seines Amtes zu tragen. In der langen Geschichte der katholischen Kirche gab es so etwas bisher nur einmal, im 13 Jahrhundert dankte schon einmal ein Papst lebend ab.

Erstaunliche Meldungen begleiten nun diesen Rücktritt. Die BZ Berlin berichtet, am Nachmittag stieg über dem Schloss Bellevue, dem Amtssitz des Bundespräsidenten Gauck, Rauch auf. Ausgelöst durch ein defektes Notstromaggregat. Die BILD veröffentlicht ein Foto, nachdem in der Nacht ein Blitz in den Vatikan eingeschlagen hat. Dazu kann sich nun jeder seine eigenen Gedanken machen!

Der SPD Schwachsinn nimmt seinen Lauf!

Wie die SZ heute meldet, hat nun auch Hamburg nach Bremen und Brandenburg, das kommunale Wahlrecht für 16jährige Bürger eingeführt. Diese Disharmonie zwischen Landes und Bundesgesetzen, die von der SPD provoziert wird (alle 3 Bundesländer sind SPD regiert) ist doch nur ein plumper Versuch jugendliche Stimmen zu den Wahlen einzufangen. Bedacht dabei ist nicht, dass ich nach Jugendstrafrecht verurteilt werde obwohl ich voll verantwortlich die politischen Dinge in meinem Bundesland als Wähler mit entscheiden darf.

Das bedeutet, dem 16jährigen wird zugetraut politische Vorgänge richtig einzuschätzen, gleichzeitig weiß er aber nicht was es bedeutet einen Menschen bspw. schwer zu verletzen, denn er wird meistens in solchen Fällen bis zum 21. Lebensjahr nach Jugendstrafrecht verurteilt! Hirnverbrannt was sich die SPD dabei denkt. Bei der gestrigen Debatte in der Hamburger Bürgerschaft bemerkte ein parteiloser Abgeordneter „dieses Gesetz würde den Rechten in die Karten spielen", diese bedenken wurde von der SPD beiseite gewischt. Hier kann ein altes Sprichwort nicht verkehrt sein „wehret den Anfängen", hilft nur bei der SPD nicht!

Die SPD klagt auf Bundesebene über Bildungsnotstand, aber ausgerechnet in Hamburg ist dieser nicht vorhanden und die Lehrer sollen stärker in politische Bildung der Jugendlichen mit eingebunden werden. Wie lächerlich!

Diese unsägliche Machtkombination zwischen Roten und Grünen, kann mit solchen Einstellungen nichts gutes hervor bringen!

Arme Niedersachsen,
vor 4 Tagen angekündigt, jetzt Realität!

Geht es nach dem Bund der Steuerzahler so gibt er an, im rot-grünen Koalitionsvertrag eine „Steuererhöhungsorgie" gefunden zu haben, wie die FAZ berichtet.

Mit einer ungerechtfertigten Verschärfung der Abgaben werden nicht nur Reiche, und Höchstverdiener belastet. Nein auch Hausbesitzer, Mieter, Familien und normale Arbeitnehmer. Nach einigen Korrekturen soll die knapp 100 Seiten umfassende Koalitionsvereinbarung, nach Parteitagsbestätigungen zur neuen Woche in Kraft treten.

Auch darin vertreten sein, wird auf betreiben der Grünen, ein Verbot zum sitzenbleiben. Ja sie lesen richtig. Der Umstand eine Klasse zu wiederholen sei für das Kind diskriminierend und würde außerdem viel zu teuer für das Land sein. Es ist schon schauerlich zu sehen wie jene, die am meisten nach Bildung schreien, es vorschreiben wollen, dass wir eine Generation von Dummköpfen heranziehen. Gleichzeitig aber wollen sie die Studiengebühren abschaffen. Brauchen wir ja auch nicht mehr wenn keiner mehr, auf Grund seiner Vorbildung, zum studieren kommt!

Genau in dieses Bild passt der künftige Innenminister Boris Pistorius, er fordert alle in Betracht kommenden Migranten auf, sich einbürgern zu lassen. So hat er zumindest als Osnabrücks Oberbürgermeister gehandelt. Ein Glück das ich heute woanders und nicht mehr in Niedersachsen lebe!

Wie Bulgaren und Rumänen in Deutschland abkassieren!

Der Städtetag spricht von großen Problemen im Bereich der „Armutseinwanderung". Bei dieser Ausdrucksweise muss man sich natürlich nicht wundern. Seltsamer Weise spricht hier keiner von Diskriminierung, wenn Rumänen und Bulgaren nach EU-Richtlinien ihren Wohnort wechseln. Kein Wunder, beim deutschen Angebot, wenn sich diese in den letzten Jahren vervielfacht haben.

Auf einer anderen Seite steht, was deutsche Gesetze Ihnen erlauben. Durch die reine Anmeldung an Hartz IV zu kommen ist im letzten Jahr erheblich erschwert worden. Zu recht wie ich meine. Aber da gibt es ja noch die Selbstständigkeit. Ist ganz einfach, man meldet für 30 Euro ein Gewerbe an, umgeht damit die Aufenthaltsgenehmigung und erhält Kindergeld und wenn erforderlich Sozialleistungen vom Staat. Da kommt z.B. eine Rumänische Familie mit 4 Kindern nach Deutschland und der Mann meldet ein Gewerbe an womit die Familie Anspruch auf rund 800 Euro Kindergeld monatlich hat. So einfach geht es in

Deutschland!

Der Staat sollte sich selbst besser koordinieren. Auf der einen Seite macht man die Tür zu recht zu. Hängt aber gleich daneben den Hinweis auf, wie man die geschlossene Tür umgehen kann! Wir werden auf Dauer nicht der finanzielle Retter der EU sein können.

Kamikaze-Aufsichtsrat am BER!

Nach einem Bericht von „SPIEGEL-ONLINE" mit Verweis zur BamS wurden am Flughafen BER mehr als 20.000 Mängel von klein bis groß festgestellt.

Jetzt nach der 4. Verschiebung der Eröffnung des Flughafens wird diese erschütternde Mängelliste bekannt. Ich frage mich, wie viel Mängel weniger waren es, bei Wowereit als Chef? Eigentlich keiner, denn in der Zwischenzeit fanden ja keine baulichen Tätigkeiten statt. Dieser Flughafen ist so schlecht gebaut, dass er vor der Eröffnung schon wieder ein Sanierungsfall ist. UNGLAUBLICH!

Dieser Aufsichtsrat ist verantwortlich für einen erneuten Ausbau Tegels mit rund 20 Mio. Euro Kosten. Weil im Zuge der Baumaßnahmen am BER in Schönefeld nur noch eine Start und Landebahn zur Verfügung steht. Somit kann dort also Tegel nicht entlastet werden. Hier nehmen unfähige Politiker bewusst in Kauf, dass an einem völlig überlasteten

Flughafen Tegel, unnötige Unfallgefahren verkraftet und möglichst vermieden werden müssen!

Es grenzt an Unverschämtheit, wie die beiden SPD Granden Wowereit und Platzeck den Bund mit in die Verantwortung ziehen möchten. Wenn die Beiden sich einig sind und das sind sie, hat der Bund keinerlei Entscheidungsmöglichkeit weil er immer überstimmt wird. Ich stelle nur fest: kein Berliner Bürgermeister seit den 50ziger Jahren hat Berlin so nachhaltig und weltweit lächerlich gemacht wie Wowereit. Aber die Berliner wollen es ja anscheinend so!

„Absolute Mehrheit – Meinung muss sich wieder lohnen" - verdeckte Parteienspende?

Herr Raab, in Ihrer gleichnamigen Sendung (siehe Titel) werden alle Teilnehmer als Vertreter/innen einer Partei vorgestellt. Ausgelobt für die Gewinner/innen sind jeweils 100.000 Euro, vorausgesetzt ein Teilnehmer erhält von den Juroren - TV-Zuschauer, Publikum - mehr als 50% Zustimmung. In Ihrer gestrigen Sendung ging es um zweihundert Tausend Euro, da es in der ersten Sendung keinen Gewinner gab. Das sind stattliche Siegesprämien und Sie werden auch nicht müde zu betonen „der Gewinner kann damit tun und lassen was er will"! Nur am Rande sei erwähnt, dass wieder ein FDP Vertreter gewonnen hat.

Da steckt für mich der Pferdefuß. Ich glaube nicht, dass ein Parteienvertreter in einer öffentlichen Sendung gewonnenes Geld für sich behalten kann. Diese zwielichtige, zweifelhafte Aussage ist es, die mich glauben lässt, dass Sie nicht geeignet sind an einem solchen Duell, zwischen der Kanzlerin und Steinbrück, als seriöser Journalist teil zu nehmen.

Ich meine, Sie sollten weiterhin als Unterhaltungs-Entertainer tätig sein, das steht Ihnen besser als die Politik!

Geht es nach BILD, ist Raab der beste Politik-Talker !?

Da startet die BILD eine Umfrage wer wohl am besten geeignet wäre, ein Spitzengespräch zwischen Merkel und Steinbrück zu moderieren. Warum erstaunt es mich nicht, dass S. Raab mit überwältigender Mehrheit diese Umfrage anführt.

So erfahrene Politik-Talker wie Illner, Burow, Deppendorf, Kleber, Frey z.B. haben nicht den Hauch einer Chance. Spricht für mich das Niveau der BILD an und belegt dieses überdeutlich. Wer einen Blödelbarden, zugegeben kein schlechter, auf Platz eins einer Umfrage zu ernsthaftem politischem Journalismus hebt, soll nie wieder behaupten keinen politischen Einfluss, bis hin zum Sturz eines Bundespräsidenten, zu haben. Mal ehrlich ein Streitgespräch zwischen Kanzlerin und Kandidat ist bestimmt eine spannende Angelegenheit. Dieses aber den Millionen Fernsehzuschauern mit der notwendigen Seriosität und dem Fachwissen zu vermitteln braucht es schon etwas mehr als schöne FDP Politikerinnen anzubaggern. Ein wichtiger Punkt ist sicherlich die Jugend an die Politik zu führen, nur setzen wir so nicht falsche Zeichen?

Ich denke zwei Gesprächsrunden wären angebracht. zum einen bei den öffentlich Rechtlichen und zum zweiten in der privaten Sendergruppe. Auch dort gibt es ernsthafte und anerkannte Politik-Journalisten, zu denen Herr Raab nun einmal nicht zu zählen ist.

Wir werden sehen was sich entwickelt!

Die Wählerverachtung von Platzeck und Wowereit!

Kaum ist Platzeck Aufsichtsratsvorsitzender des BER, kommen aus Brandenburg völlig neue Töne. Grundlegendes wie zum Beispiel Nachtflüge, im übrigen in letzter Instanz Gerichtlich festgelegt, werden auf Grund eines Volksbegehrens angezweifelt. Diese offensichtliche und durchschaubare Taktik ist dem Wähler geschuldet und zeigt überdeutlich, wie damit das Volk verarscht wird.

Um aber im abgestimmten Konsens zu bleiben haut nun Wowereit, ehemaliger Aufsichtsratsvorsitzender, in den Medien einen Spruch raus, der an Lächerlichkeit nicht zu überbieten ist. Ich zitiere die FAZ „Wowereit befürchtet elementaren Schaden" am BER. Einer der Hauptverantwortlichen der BER Pleite kommt nun so. Diese beiden SPD Granden sollten doch einmal überlegen ob es Ihnen wirklich zusteht den Wähler weiterhin für doof zu verkaufen.

Diese unendliche Flughafengeschichte wird Berlin für lange Zeit nachgetragen werden. Schlimm dabei ist nur, dass man die Dörfler in Brandenburg weitest außen vor lässt und den schwarzen Peter Berlin an der Backe hat. Mit seinem jetzigen Bürgermeister nicht zu unrecht.

Aktuelles aus dem Bundestag!

Kanzlerin Merkel gibt im Bundestag eine Regierungserklärung zur Euro-Krise. Hier im einzelnen darauf ein zu gehen würde den Rahmen sprengen. Logischer Weise steht das Regierungslager gegen die Opposition und diese angeführt durch den SPD Mann P.Steinbrück.

Für ihn unüblich haspelt er sich durch seine Redezeit. Betont, die gute Europarlament Führung durch seinen SPD Kollegen Schulz, der von Kürzungen für das Euro-Parlament, nichts wissen will und erklärt die Bundesregierung für komplett unfähig. Nur er, der mit einer 5 in Mathe sitzengeblieben Kanzlerkandidat, rechnet der Kanzlerin und Europa vor, wie man Zahlen lesen muss um wieder auf die Beine zu kommen. Die Hälfte der europäischen Regierungen können laut Steinbrück nicht rechnen und wissen nicht genau wie man aus der Krise kommt. Daher stimme ich dafür Steinbrück, als Europa Kaiser, in die Wahl zu schicken. Dann kann er Europa retten und wenn es nicht klappt kann man die Schuld immer noch auf die Kanzlerin schieben.

Bundestag beschließt mit breiter Mehrheit neues Wahlrecht

Rechtzeitig vor den Bundestagswahlen am 22. September haben sich die Parteien auf ein neues Wahlrecht geeinigt und dieses gestern Abend im Bundestag verabschiedet. Nur die Linken waren nicht mit im Boot, macht aber nichts.

Wie war es bisher: ein Überhangmandat ist dann entstanden wenn von einer Partei mehr Kandidaten in den einzelnen Wahlkreisen mit den Erststimmen siegten, als ihr nach Auszählung der Zweitstimmen Sitze im Bundestag zustehen würden. Dann gab es Überhangmandate, als Belohnung für die Erststimmen.

Wie ist es jetzt: die entstandenen Überhangmandate werden in gleicher Höhe als Ausgleichsmandate vergütet. Viele sprechen von kompensieren ich bleibe bei „vergütet".

Da sagt die Kanzlerin gestern im Bundestag, es sei schwer zu vermitteln das alle sparen müssen nur Europa brauche das nicht. Recht hat sie, nur was tun wir. Mit dieser Entscheidung zum Wahlrecht blähen wir den Bundestag auf und geben somit zwangsläufig mehr Geld aus. Wie passt das Frau Merkel.

Das passt genau so wenig wie die Aussage des SPD Politikers Oppermann, dass es nicht angehen könne das plötzlich eine Partei gewinnt die weniger Sitze im Bundestag hat und somit regiert. Das macht doch die SPD in fast allen Landtagswahlen, weniger Stimmen als die CDU und trotz allem regieren!

Die bizarre Debatte um Lebensmittel mit Pferdefleisch!

Da ist etwas geschehen womit keiner gerechnet hat. In Produkten verschiedener Hersteller taucht plötzlich Pferdefleisch auf. Auf den Verpackungen nicht bezeichnet, also ein Verstoß gegen die Kennzeichnungspflicht und deshalb nicht mehr zum Verzehr geeignet?

Nach den mir vorliegenden Zahlen sind bei rund 850 Prüfungen keine 70 als Positiv, also mit Pferdefleisch versetzt gefunden worden. Nun sind selbst diese von der Gesundheitsbehörde als nicht Gesundheitsgefährdend eingestuft. Sicherlich aber werden nun rund 90% der Lebensmittel grundlos vernichtet.

Wenn nun ein Politiker die Meinung des überwiegenden Teils der

Bevölkerung aufgreift, diese Produkte richtig Bezeichnet für den Verzehr frei zu geben, ist er Hinterbänkler im Bundestag und fordert unmögliches. Wenn ich dazu noch U. Schneider von den Wohlfahrtsverbänden höre wird mir richtig schlecht. Warum ist eine Verteilung dieser unbedenklichen Lebensmittel an die so genannten „Tafeln" eigentlich unter der Würde der bedürftigen Menschen. Den Menschen muss geholfen werden zu überleben, also helft ihnen mit gesundheitlich unbedenklichen Lebensmitteln und streitet nicht über Dinge die ihr gut Verdienenden eh nicht kaufen würdet. Helft lieber!

Liebe Italiener, geht wählen aber nicht diesen Berlusconi!

Eigentlich geht mich die Wahl in Italien nichts an. Ich kann mir auch nicht vorstellen, dass dieses stolze hoch katholische und in vielen Teilen von nicht gesetzestreuen Vereinigungen beherrschte Volk nun auch noch einen Mann wie Berlusconi ertragen und erneut wählen wird.
Dieser Mann verspricht euch im Himmel ist Jahrmarkt und wirtschaftet das irdische Italien in Grund und Boden, macht euch weltweit lächerlich mit seinem Sexfimmel ohne Beachtung menschlicher Grenzen. Ich komme aus Berlin, dort haben wir einen Bürgermeister der viel ärmer als Berlusconi ist, uns aber weltweit genauso lächerlich gemacht hat mit dem Flughafen BER!

Also kann ich euch nur bitten, den Weg einer guten Demokratie weiter zu ebnen um auch darum zu werben Italiener und Italien weltweit nicht der Lächerlichkeit Preis zu geben.

Die Verherrlichung der ehemaligen DDR muss gesetzlich unterbunden werden!

Es kann und darf nicht sein, das ein Berliner 4-Sterne-Hotel Park Plaza öffentlich und ungeahndet ein Tagungsangebot „DDR" bewerben darf. Unser Grundgesetz sagt „Alle sind gleich", aber anscheinend nicht die bekannten Unrechtsstaaten. Was hier in vielen Teilen als Ostalgie benannt wird ist für mich öffentliche Verherrlichung eines Unrechtsstaates. Das aber wird, in diesem Fall, von unserem System nicht als strafwürdig anerkannt.

Um es deutlich zu sagen, es geht hier nicht um das Angebot des Broilers oder einer Soljanka oder gar eines Schwedenbechers, sondern es geht um die Art und Weise des Angebotes und Verkaufs. So agieren beispielsweise Kellnerinnen im Jungpionier-Dress und Kellner in Volkspolizisten-Uniform und das im Zusammenhang mit dem Tagungsangebot „DDR".

Wenn der deutsche Staat weiterhin Dinge dieser Art straffrei zulässt, sage ich den nächsten 100 Generationen keine wirkliche Deutsche

Einheit voraus.

Der Führung des Park Plaza muss man sagen: „Lasst endlich die Finger von solch zerstörenden Werbeaktionen, im Sinne einer wirklichen deutschen Einheit."!

Autisten mit Asperger-Syndrom IT-Spezialisten

Dirk Müller-Remus hat selbst ein autistisches Kind, kennt dieses Problem daher genau. Im November 2011 hat er deshalb die IT-Firma Auticon gegründet, bei der rund ein Dutzend Autisten arbeiten.

Seine Berliner Firma prüft Computerprogramme. Durch seinen Sohn hat er erkannt welches Potential in diesen Autisten schlummert. Es wurden Wege gefunden seine Mitarbeiter unter Mithilfe von Coachs mit dem Kunden in Verbindung zu bringen. Das Klappt gut wie Müller-Remus sagt.

Ganz wichtig bei dieser Sache das erhöhte Selbstwertgefühl der Autisten. Hier werden Sie nicht als Kranke, sondern als spezialisierte Fachkräfte behandelt. Das führte auch zu einer Auszeichnung „Unternehmen - GründerChampions" der KfW Berlin. Ich finde dieses Engagement ganz toll und meine, auf diesen und anderen Wegen, noch mehr in gewissen Punkten überragende Fähigkeiten verschiedenster Menschen fördern zu können.

Und ich dachte schon
Sie wollen Kanzler werden, Herr Steinbrück?

Lieber Herr Gabriel, wenn Sie wirklich wollen dass ihr Mitstreiter Steinbrück Kanzler werden soll, dann schicken Sie ihn vorher auf eine Benimm-Schule. Als Kandidat zu behaupten „ich lasse mich nicht verbiegen" ist eine Sache. Aber öffentlich einen Wahlmitgewinner in Italien als Clown zu bezeichnen, ist eine andere Sache.

Sicher, ich halte dieses Wahlergebnis mit dieser großen Unterstützung für Berlusconi und seine Person auch nicht für Regierungsfähig, geschweige denn gut, aber das italienische Volk hat so entschieden. Mit Ihren Worten aber Herr Steinbrück, haben sie gleichzeitig den Wähler angegriffen. Behaupten Sie jetzt nicht, als Kanzler hätten Sie anders reagiert, glaubt ihnen doch keiner!

Der Papst geht
und am BER gehen die Lichter nicht mehr aus!

Mit Ablauf dieses Tages ist der Papst nicht mehr im Amt, bleibt aber in der Anrede weiterhin „Eure Heiligkeit". Solange es Aufzeichnungen gibt, ist Ratzinger erst der zweite, der den „Heiligen Stuhl" lebend an einen Nachfolger übergibt. Hochachtung vor diesem Schritt.

Während hier ein Deutscher weltweites Ansehen und Respekt

zugesprochen bekommt, werden die irdischen Macher des BER sicherlich nie zu diesen Ehren kommen. Wie der Technikchef Aman jetzt eingestehen musste, ist es auf Grund der fehlerhaften Verarbeitung der Lichtsteuerung nicht möglich, die komplette Beleuchtung am BER aus zu schalten. Abgesehen davon dass Nachts wegen der Sicherheit sowieso volle Beleuchtung notwendig ist, werden auch abertausende Steuereuros am Tage verbrannt.

Die neueste, durch Brandenburg initiierte, Lächerlichkeit im Bezug auf Nachtflugzeiten lässt den Gedanken aufkommen, diesen BER im Randgebiet zu vernichten und Tempelhof und Gatow wieder zu aktivieren. Gleichzeitig aber von diesen Flughäfen ein Flugverbot für alle Brandenburger, denn die wollen keinen funktionierenden, eines Tages auch eröffneten, Großflughafen. Die Neuschaffung von Arbeitsplätzen ist auch nicht von Bedeutung. Ruhet sanft ihr Brandenburger!

„Mess- und Eichgesetz" im Bundesrat, Streit mit Rösler

Die BILD behauptet heute, der Bundeswirtschaftsminister Rösler (FDP) will den Gastronomen freistellen, wie viel sie künftig im Glas ausschenken möchten. Die unvollständigen Maßangaben der BILD, es fehlen 0,2 und 0,25L Angaben, führen völlig in die Irre.

Die Frage geht doch darum welche Verkaufsform, darf ich als Geschäftsbetreiber, selbst festlegen. Diese wirtschaftliche Freiheit fordert Rösser ein und nichts anderes. Wenn ich hier aber die Beschwerden der Baden-Württemberger und vor allem der Bayern höre bin ich doch recht erstaunt. Als vor einiger Zeit auf dem Oktoberfest Maßkrüge mit Messröhrchen eingeführt werden sollten sind die Gastronomen dagegen mit Erfolg Sturm gelaufen. Ich frag mich schon, warum wohl?

Ich glaube kaum, dass sich in Deutschland auch nur ein „Kneipier" mit zu knapp eingefüllten Gläsern seine Kundschaft vergraulen will.

Die durchgeknallten Freizeitpolitiker in Berlin!

Vor einiger Zeit habe ich in einem meiner Blogs über die Halbtagspolitiker Berlins berichtet. Das sich diese Grundlage ja bis in die unterste Struktur, sprich Bezirksparlament, durchsetzt, zeigt die neueste Entscheidung der Bezirksverordneten in Friedrichshain-Kreuzberg.

Dort müssen nun in allen öffentlichen Einrichtungen so genannte Unisex-Toiletten installiert werden. Dem Antrag der Piraten stimmten SPD, Grüne und Linke zu. Donnerwetter, harte politische Arbeit dieser Parteien. Durch die Zustimmung der SPD zeigt uns diese Partei wieder einmal wie regierungsunfähig sie ist. Steuergeld muss auf jeden Fall ausgegeben werden, egal für welchen Schrott.

Das was in dieser Stadt in den letzten Jahren passiert, dafür dass ich als Berliner Bürger durch Wowereit und Platzeck weltweit lächerlich gemacht werde, wird mit solchen Vorgaben noch verstärkt. Es ist an der Zeit diese Stadt zu verlassen, sie hat wirklich besseres verdient, als dass sich solche Chaoten Politiker nennen dürfen. Herr Henkel, trennen Sie sich von Wowereit und fangen wieder an in Berlin vernünftige Politik zu gestalten!

Die, die helfen sind die Dummen?

Wir befinden uns in einer Zeit, in der ich feststellen muss: immer öfter wird Deutschland um Hilfe gebeten und ist hinterher der angearschte. Ob als größter Nettoeinzahler im Bereich aller Hilfsmaßnahmen der EU oder als Helfender in der NATO.

Da sieht sich A. Merkel in einigen EU-Mitgliedstaaten als Nazi verunglimpft, wegen einer von der Mehrheit der EU-Staaten bestätigten Sparpolitik. Da müssen sich Deutsche Soldaten in der Türkei dafür beschimpfen lassen, dass Sie auf Bitten des Türkischen Staatspräsidenten bei der Sicherung der Außengrenzen der Türkei eingesetzt werden. Da glauben Türkische Generäle über unsere

Soldaten befehlen zu können und letztlich werden sie in einem für Deutsche Militärs völlig ungewöhnlichen Umfeld untergebracht. Ein in Deutschland gesuchter Totschläger verschwindet einfach, taucht dann als Türkischer Staatsbürger wieder auf und wird den Deutschen Justizbehörden nicht ausgeliefert!

Da funktionieren einzelne Staaten in der EU im wirtschaftlichen Bereich nicht mehr und schon ist Deutschland daran Schuld. Liebe Europartner so geht das nicht. Ja, uns wurde auch mal geholfen. Was aus dieser Hilfe geworden ist, sieht man Heute. Wie gesagt, größter Nettoeinzahler in die EU.

Schweizer Bürger gewinnen gegen Bänker und Spitzenmanager!

In einem Volksreferendum haben die Schweizer Bürger mit nahezu 68% der Gier der Bänker und Manager Einhalt geboten. Gegen alle Widerstände und hoch gefahrenen Kampagnen verschiedener Verbände haben sie nach einem ca. 5jährigem Kampf entschieden.

Es wird mehr Verantwortung in die Hände der Aktionäre gelegt und Sondervergütungen wie Abgangsabfindungen oder Begrüßungsgelder für Spitzenmanager in Millionenhöhe sollen gänzlich verboten werden. Bis zu 3 Jahren Haft und hohe Bußgelder drohen denen die sich nicht daran halten. Bravo Schweiz, gut gemacht.

Auch in Europa ist Ähnliches vorgesehen. Damit werden erstmalig durch die EU-Finanzmarktregulierung die Banker-Boni begrenzt. Im Hinterkopf habe ich immer die Sparaufrufe unsere Regierung. Anstatt die Kavallerie zu schicken, springt die SPD lieber auf den Schweizer Zug auf um vielleicht dadurch schnell noch ein paar Prozentpunkte im September zu retten. TRITTBRETTFAHRER!

SPD Kanzlerkandidat Steinbrück jetzt schon teilweise entmachtet!

Montag Abend, SPD Parteizentrale Berlin. Dort wird, wie ich glaube, eine folgenschwere Entscheidung getroffen. P. Steinbrück und sein unmittelbares Umfeld werden von Gabriel und Nahles entmachtet. Die Partei-Generalin ist ab sofort auch die Federführende des SPD Bundestagswahlkampfes.
Die Steinbrück-Vertrauten Stötzel, Geue und Donnermeyer werden ins zweite Glied verbannt. Nichts geht mehr ohne die Zustimmung von Nahles. Rums, mal sehen wie lange sich Steinbrück das gefallen lässt. Vor allen Dingen wird auf diese Art und Weise dem treuen SPD-Wähler gezeigt, nichts vergeht schneller als SPD Meinungen von Gestern. Was man der Partei natürlich bescheinigen muss ist die

Erfindung eines außergewöhnlich gute Klebstoffes den Beck, Wowereit, Platzeck bereits für Steinmeier getestet haben.

Mit Spannung erwarte ich die nächste Zeit, ob nicht doch noch Frau Kraft für Herrn Steinbrück einspringen muss, so wie ich es vor einiger Zeit prophezeit habe.

Passt Raab in die Riege der Polit-Talker?

Dazu sage ich ganz konkret " Nein aber". Wenn wir schon nach amerikanischem Vorbild ein TV Spektakel mit den Spitzenkandidaten zur Bundestagswahl initiieren müssen, dann erwarte ich natürlich als Fragesteller in der Politszene erfahrene Journalisten/Moderatoren. ARD,ZDF und RTL bestätigen mit Will, Illner und Koeppel meine Vorstellung.

Die Pro7/Sat1 Gruppe hingegen hat sich auf S. Raab festgelegt. Der Initiator und Moderator verschiedenster Unterhaltungssendung ist Deutschlandweit bekannt, aber nicht als Polit-Talker. Sein Verdienst an dieser Runde wird sein, dass er mehr jugendliches Potential für diese Sendung interessieren wird. Was wir danach auch von den Verantwortlichen seiner Sendegruppe hören werden.

Alle genannten haben nun genügend Zeit sich auf auf die zu befragenden einzustellen. Es sei denn die SPD rutscht in den kommenden Umfragen noch weiter ab und tauscht ihren Spitzenkandidaten noch aus.

Eine beispiellose Hetzaktion gegen den Ex-Präsident Wulff endet im Nichts!

Den Recherchen des SZ Journalisten Hans Leyendecker kann ich inhaltlich absolut zustimmen. Er stellt fest, C. Wulff hatte auf keinen Fall einen Prominentenbonus bei der Hannoverschen Staatsanwaltschaft. Im Gegenteil, sehr akribisch wurde in allen Verdachtsfällen gearbeitet. Übrig bleibt ein „Geschmäckle" bei einer 400 Euro Hotelrechnung in München. Aber tatsächlich Nachweisbar ist auch da nichts.

Ich kann hier und heute abschließend feststellen: In einigen meiner Blogs habe ich auf diese Schmutzkampagne hingewiesen. Da wir es hier mit harter und schmutziger Politik zu tun haben heißt das Ende nicht wie im Märchen - Alles ist gut -, sondern hier wurden Menschen und Familien zerstört und nicht einmal die mit Schmutz werfenden Politiker aller Parteien halten es für notwendig sich zu entschuldigen. Ich hielte es z. B. für menschliche Größe, wenn einer seiner Vorgänger die sich zum Abschiedszapfenstreich nicht sehen ließen, sich entschuldigte.

Das soll es dann aber auch mit dieser Zerstörungsgeschichte gewesen sein.

Erschreckendes aus der Welt, neues vom BER!

Nordkorea droht den Vereinigten Staaten mit einem Atomangriff. Der Nichtangriffspakt mit dem Süden des Landes wurde außer Kraft gesetzt. Das alles kurz nach den empfindlichen Sanktionen der UN. Ermöglicht wurden diese Sanktionen durch die Mitwirkung Chinas, deren UN-Botschafter sagte: „Hoffentlich versteht Kim Jong-Un diese Botschaft."

Dann aber schon die Erfolgsmeldung des Tages. Hartmut Mehdorn wird neuer BER-Chef. Für mich unverständlich, die sofortige Einlassung der Medien zu welchem Jahresgehalt er diesen Job übernimmt. Ich glaube, da sind ganz andere Dinge entscheidend. So zum Beispiel wie Mehdorn unter einen Hut bringen möchte, dass er als Vertreter von Air Berlin die Verantwortlichen des BER auf 20 Millionen Euro Entschädigung verklagt hat und heute auf der Seite steht die diese Forderung zu mindern oder ganz zu entfernen sucht. Wieso taucht er erst heute auf, nach der Rochade des Aufsichtsratsvorsitzenden, war er doch schon vor 2 Monaten frei. Auch beschäftigt mich die Frage, wenn er keine Erfolge sieht, schmeißt er dann genau wie bei Air Berlin hin und verschwindet? Nicht zuletzt, aber wie reagiert Amann auf ihn?

Macht sitzenbleiben klügere Köpfe?

Der jüngste Vorstoß der neu gewählten Niedersächsischen Landesregierung (Rot/Grün), das Sitzenbleiben abzuschaffen, hat bundesweit zu vielen und widersprüchlichen Reaktionen geführt. Zunächst muss ich hier einmal feststellen, in allen Landesregierungen in welchen Rot vertreten ist wurde da Sitzenbleiben abgeschafft. Überall dort wo Schwarz vertreten ist gibt es das noch.

Dieses bildungstechnische Hickhack mit dem sturen Gegenkurs der Rot/Grünen zur Bundesregierung schadet letztlich nur einem, dem Schüler. So mag es in vielen Bereichen ein Für und Wider geben, aber die meisten Fachleute und vor allem auch Schüler sind „für Sitzenbleiben", welches natürlich nicht Richtungweisend für Rot/Grün ist.Auch nicht die Tatsache, dass laut einer Bertelsmann Studie die klügsten Köpfe aus dem Süden unseres Landes kommen. Was natürlich kein Verdienst des 3Tages Landesvaters Kretschmann in Baden-Württemberg ist. Aber egal, Hauptsache wir haben gegen die Merkel gehandelt, so Rot/Grün, auch wenn ein Sitzenbleiber unser Spitzenkandidat ist, nicht Herr Gabriel!

FDP Personaldifferenzen durch aktuellen Parteitag beendet?

Der viel gescholtene Parteivorsitzende P. Rösler wurde ohne Gegenkandidat mit 85,7% im Amt bestätigt. Für mich eine durchaus realistische Zahl für ein Wahlergebnis in einer demokratischen politischen Partei. Alle die mit erhobenem Zeigefinger auf die Vorwahl und über 90% hinweisen sei gesagt, mir sind ehrliche 85,7% lieber als gezwungene 95 Prozent.

Für mich auch kein Wunder das Wahlergebnis für C. Lindner. Er ist nun der zweite Mann in der Partei und kann mit seinem „Chef" auf Augenhöhe sprechen. Da ist die Rolle des ebenfalls wiedergewählten Generalsekretärs Döhring, als weisungsgebundener Parteisoldat schon eine andere. Genau diese Rolle aber wurde C. Lindner zu eng.

Keine Überraschung, der Spitzenmann Brüderle neben Rösler. Auch nicht die Abwahl von Dirk Niebel, damit war zu rechnen. Eine Faustdicke Überraschung hingegen die Wahl von W. Kubicki, von vielen als Querdenker bezeichnet, schaffte er es den Bundesminister Bahr in einer Kampfabstimmung zu schlagen. Ebenfalls erstaunlich verlor B. Homburger die Kampfabstimmung gegen den sächsischen Landesvorsitzenden Holger Zastrow.

Mit dieser neuen Führungsriege kann nun der von allen erwartete

Parteifriede einkehren. Die klare Koalitionsaussage von Rösler und ein vernünftiger Wahlkampf sollte zu einem erneuten Wahlsieg von Schwarz/Gelb reichen!

Der verlogene Aufschrei von SPD und Grünen!

Hallo ihr da draußen, könnt ihr euch noch daran erinnern wie einst die SPD und die Grünen aufschrien, als sie dem Ex-Präsidenten Wulff unterstellen wollten die Medien beeinflusst zu haben. Mit Hilfe des Chefredakteurs der BILD konnte man dieses Thema richtig aufbauschen. Mit der CSU ging es weiter, da rollten sogar Köpfe, zwar nicht der von General Dobrindt aber andere.

Was berichtet die BZ, auch Springerpresse, heute: Brandenburgs Regierungssprecher Thomas Braune beschwerte sich beim RBB. Das alles mit Erfolg, wie die Zeitung berichtet. Platzeck hatte einen RBB Reporter ziemlich harsch angefahren, weil dieser Auskunft zum BER haben wollte. Weil dieses aber nicht zu dem netten Eindruck von Platzeck passe, müsse das herausgeschnitten werden. Das Schlimme an der Sache sind 2 Dinge, erstens wo bitte bleibt euer Aufschrei ihr Roten und Grünen und zweitens, es wurde tatsächlich herausgeschnitten.

So betreibt man erstklassige populistische Politik und deswegen könnt und dürft Ihr nicht die Wahl am 22. September gewinnen!

Frau Kraft bestätigt mit verfassungswidrigem Haushalt die Rot/Grüne Unfähigkeit!

Zunächst die Entschuldigung, dass gestern kein Blog erschienen ist. Aber manches mal habe ich hier auf der Insel mein Problem mit dem Internet. Heute sitze ich wieder einmal im Eiscafe Bernadini an der Promenade von Cala Millor.

Nun aber zum Thema. Drei mal hintereinander ist ein Haushaltsplan der Rot/Grünen Regierung in NRW vor dem Verfassungsgerichtshof in Münster durchgefallen, heißt wurde als Verfassungswidrig erklärt. Diese Regelmäßigkeit zeigt uns doch aber sehr deutlich das Rot/Grün nicht in der Lage ist vernünftig zu wirtschaften. Da kommt ihr Spitzenkandidat daher und versucht uns regelmäßig davon zu überzeugen dass die SPD besser mit Geld kann als die Schwarz/Gelben und dann wieder dieses!

Ich glaube, die hohen Funktionäre der Partei sollten alles daran setzen das Hier und Heute, sowie die Zukunft in den Griff zu bekommen, als ihrem fernsehtrunkenen Ex-Kanzler Schröder zu huldigen. Es gibt wahrlich wichtigeres.

Wir haben einen neuen Papst!

Nach nur 5 Wahlgängen stieg weißer Rauch aus dem Schornstein auf:

Die katholische Kirche hatte einen neuen Papst: Franziskus I.

Der 76jährige Kardinal Jorge Mario Bergoglio ist der erste Papst aus Lateinamerika (Buenos Aires) und der erste Jesuit auf dem Stuhl Petri.

CDU und FDP beschließen 10 Stufen Plan!

T. Oppermann, der Chef-Aufhetzer, der SPD bringt sofort den neuen 10-Stufen-Plan zu den Nebeneinkünften der Bundestagsabgeordneten in Misskredit. Hatte doch Rot/Grün in ihrer Regierungszeit nichts geändert, sind sie jetzt über ihren Kanzlerkandidaten gestolpert. Nach dem Steinbrück in starke Schieflage auf Grund seiner Nebeneinkünfte geriet, Aufklärung versprach und doch einige wichtige Dinge „vergessen" hatte.

Nun hat die Regierungskoalition mit der Mehrheit von CDU und FDP diesen neuen Plan verabschiedet und schon reicht es Herrn Oppermann nicht. Meinte doch die Transparenz-Initiative LobbyControl, dass dies ein rechter Anfang sei, aber es müsse noch nachgebessert werden. Sprich die Zahlenden oder Auftraggeber blieben weiter im Dunklen.

Diese Rot/Grüne Besserwisserei mit nachweislichen Nullen in ihren Reihen, Bankfachberaterin H. Kraft boxt einen Verfassungswidrigen Haushalt für NRW durch, Rechtsanwalt Wowereit beherrscht das

Vertragswesen am BER nicht usw. - usw. es macht keinen Spaß diese Leute beim Wahlkampf, falsch, Kampf um die Macht zu beobachten.

Trotz Erinnerungslücken übernimmt Schily politische Verantwortung

Gestern gab der ehemalige Bundesinnenminister Otto Schily, SPD (Oktober 1998 - November 2005) vor dem NSU Untersuchungsausschuss seinen damaligen Wissensstand wieder. Gut in Schutz genommen vom Vorsitzenden Edathy (SPD) nahm Schily einen Teil der politischen Verantwortung auf seine Kappe. Er und die damaligen Landesinnenminister haben da Fehler gemacht.

Seine Aussage zum Kölner Nagelbombenattentat, es würde sich höchstwahrscheinlich um einen kriminellen Anschlag handeln, lenkte die Ermittlungen in eine falsche Richtung. Spätere Kursänderung durch Überprüfung ausgeschlossen. Was hat die gesamte Politik in diesen Jahren unter seiner Führung eigentlich verfolgt und überprüft?

Wenn dazu wichtige Fragen auf den Tisch kamen hatte er entweder Erinnerungslücken oder der Ausschussvorsitzende stellte sich vor ihn. Am Ende kam ein sehr vertrauter SPD Spruch auf den Tisch. Ungeahndet und ohne jegliche Folgen für den Betroffenen, das Eingeständnis schwerer Fehler gemacht zu haben und dann die

Übernahme der politischen Verantwortung!

Jeder der Fehler macht soll nach der SPD in die Verantwortung genommen werden, speziell Bank und Firmenmanager, nur halt Politiker nicht. Aber so sind Genossen, so waren sie und so werden sie bleiben.

Hilfsbedingungen für Zypern?

Nach schwierigen Verhandlungen hat man sich im Euro-Raum auf ein rund 17 Milliarden Euro schweres Hilfspaket für Zypern geeinigt. Erstmals sollen dabei auch die Sparkonteninhaber mit zur Kasse gebeten werden.

Rund ein Drittel der Zypriotischen Bankkunden sind reiche Ausländer zumeist aus England und Russland. Nach diesem Plan sollen knappe 6 Milliarden Euro in die Staatskassen kommen. Spareinlagen bis 100.000 Euro werden mit 6,75% belastet alles darüber mit 9,9%. Eine interessante Variante wäre es doch, wenn nur das runde Drittel der Fremdkonten belastet würde und was würde dann zusammenkommen? Auf jeden Fall aber würde es den kleinen zypriotischen Sparer nicht belasten. Die genannten Prozentsätze sind bereits von allen Konten eingefroren.

Auf jeden Fall muss jeder wissen, in allen Hilfsfällen handelt es sich um

Kredite, welche zurückgezahlt werden müssen. Auch wichtig der Fingerzeig für alle anderen, hallo wir im Euroverbund lassen keinen fallen, wir halten zusammen!

Eigenwilliges User-Ranking im FOCUS Online!

Heute habe ich im FOKUS-Online eine seltsame Politikerbwertung durch die User entdeckt. Zum einen sind von den genannten 107 Politikern/innen knappe 20% nicht mehr aktiv in der Politik tätig und zum anderen scheint es mir als würde dieses Magazin nur im ehemaligen Osten gelesen.

Oder können Sie mir erklären wie es möglich ist, dass von den 10 bestbewertesten Politikern 7 der Partei „die Linke" angehören? Es glaubt doch kein Mensch dass Gisy, Bisky, Ramelow, Pau, Lafontän, Wagenknecht und Lötsch zu den besten 10 Politikern des Landes zählen.

Es spiegelt doch auf keinen Fall die Realität wieder, wenn eine Partei auf Bundesebene so um die 7% steht, in diesem Ranking aber mit 7 Genossen und Genossinnen unter den besten 10 Politikern des Landes vertreten ist. Abgestimmt wurde 223.774 mal. Das ganze trägt das Datum vom 30.Juli 2012 ist also ein gutes halbes Jahr alt. Ich hoffe, der FOCUS erscheint mittlerweile auch in ganz Deutschland!

Das europaweite Schreckgespenst der Deutschen!

Die jüngsten Reaktionen der Menschen auf Zypern machen mich sehr nachdenklich. Die große Krise Europas rückt uns Deutsche in der Ansicht vieler Mitglieder der EU deutlich in eine vergangene Zeit. Halb Europa tut so, als wären wir Schuld an deren Missständen.

Ich möchte hier einmal deutlich betonen, wir haben mit staatseigenem Versagen der EU- Länder nichts zu tun. Im Gegenteil, Deutschland ist der größte Nettozahler in diesem Verbund, wahrscheinlich aber sind wir genau deshalb Schuld an deren Krisen! Es kann nicht sein das Deutschland von heute, ich bin Jahrgang 1947, in die Nähe von Nationalsozialismus und braunem Sumpf geschoben wird. Unter den Stimmungsmachern gegen Deutschland viele junge Menschen, Europaweit, das erschreckt mich!

Den Staat gesunden ist eine Sache, Hilfen anzuerkennen anscheinend eine andere. Bitte liebe Europäer, macht doch nicht für jeden Scheiß die Deutschen verantwortlich und fasst Euch ein bisschen öfter an die eigene Nase.

FDP als Buhmann beim NPD-Verbotsantrag ausgemacht.

Hallo ihr da draußen, habt ihr diesen Otto Schily schon vergessen. Der einstige SPD Innenminister ist mit seinem Parteieigenen SPD

Programm, die NPD verbieten zu lassen, fürchterlich auf die Fresse gefallen. Viele haben diese deprimierende Niederlage nicht vergessen. Nur die SPD mit ihrem Hauseigenen Slogan will diesen Fehler unbedingt ein zweites Mal durchsetzen.

Der amtierende Innenminister Friedrich hat keine Empfehlung für einen Verbotsantrag der NPD gegeben, er weiß wie hoch die Hürden bei einem solchen Verfahren gestellt sind. Quer durch alle Fraktionen gibt es Für und Wider, also durchaus keine einheitliche Meinung. Mit der Bemerkung „Dummheit lässt sich nicht verbieten" liegt FDP-Chef Rösler zwar richtig, drückt sich aber in dieser Hinsicht im Wahlkampf schlecht aus. Da einige Kräfte anscheinend die politische Wende in Deutschland wollen, kommt ihnen diese unglückliche Ausdrucksweise gerade recht.

Herr Oppermann, bevor Sie weiterhin den Einpeitscher geben, fordere ich Sie zu einem intensiven Gespräch mit Schily auf. Der könnte ihnen noch so einiges erklären im Bezug auf ein Verbotsverfahren. Außer Frage steht, dass wir diesen braunen Sumpf der NPD nicht brauchen!

Die geplanten Rentenerhöhungen zeigen, immer noch Ost und West!

Es ist für mich unverständlich Frau von der Leyen, dass in der

Bundesregierung immer noch von „Ost" und „West" gesprochen wird. Da können Sie noch so oft die Lohnsteigerung des vergangenen Jahres anführen. Bei allen Rentenerhöhungen seit 2000 wurde der „Osten" bevorzugt, zumindest gab es nicht einmal weniger als im „Westen".

Ich denke, das Rentensystem ist auf den Generationenvertrag ausgerichtet, für Alle! Ihre neueste Planung aber zeigt, dass dies nicht richtig ist. Dort, wo seit Einführung des Generationenvertrages eingezahlt wurde, gibt es immer weniger Rente als dort, wo in dieses System bis 1990 nichts eingezahlt wurde. Sie sagen, die Rentengarantie hat die Erhöhung im „Westen" gedämpft. Aber genau diese Garantie gab es doch auch im „Osten", oder?

Also machen Sie uns bitte deutlich, warum die Renten im „Osten" nun in diesem Jahr ca. 13mal stärker erhöht werden als im „Westen", das alles bei einer ca. dreimal höheren Lohnentwicklung im „Osten".

INSA-Meinungstrend ein halbes Jahr vor der Bundestagswahl

Die von INSA im März befragten Wahlberechtigten gaben an, dass sie jeweils zu 17% die Fortsetzung von Schwarz/Gelb bzw. eine Neuauflage von Rot/Grünen wählen würden.

In der Einzelauflistung zeigt sich dann doch deutlich, ganz vorne die CDU mit derzeit 40% Punkten, weit zurück die SPD bei 27% Punkten gefolgt von den Grünen die derzeit bei 15% Punkten verweilen. Die Linke mit Zuwachs bei 7% Punkten und die FDP fängt sich bei 5% mit Tendenz zu 6%.

Gegenwärtig steht und fällt die Wahl im September mit der FDP. Kommt sie über die 5% Hürde kann man getrost von einer Fortsetzung der jetzigen Regierung ausgehen. Da ich persönlich keinen Hinderungsgrund zum Wiedereinzug der Gelben ins Parlament sehe, wird sich in den nächsten Jahren an der gegenwärtigen Politik nichts ändern und das ist gut so!

Deutsche ärmer als Franzosen, Spanier und Italiener!

Es ist schon sehr erstaunlich was die Bundesbank in diesen Tagen veröffentlichte. Nach dieser Studie verfügen die Deutschen über ein mittleres Vermögen von rund 70.000 Euro brutto. Bei den Franzosen sind es rund 113.000 Euro, bei den Italienern rund 164.000 Euro und bei den Spaniern ca. 179.000 Euro.

Diese Ergebnisse kommen zustande, da der Eigenheimanteil in den südlichen Ländern wesentlich höher ist als in Deutschland. Hierzulande haben 44,2 % Grundbesitz das steigert sich bis über 82% in Spanien.

Man könnte jetzt daraus schließen: in Deutschland schon immer ein vernünftiges Steuersystem daher weniger Eigenheime. In anderen

Ländern wo gerade im Steuerbereich nachweislich geschlust wurde ist der Eigenheim Anteil wesentlich Höher. Aber kann man deshalb den Bürgern einen Vorwurf machen -NEIN-, versagt haben die Staatsführungen der Nachkriegszeit.

Was mich aber sehr nachdenklich stimmt, ist die Tatsache, die einzig relativ gut funktionierende Staatsführung wird in halb Europa als Buhmann benannt. Das ihr lieben Europäer sollt ihr Euch mal durch den Kopf gehen lassen!

Aufregung um den bevorstehenden NSU-Prozess!

Wie versprochen geht es heute mit meinem Blog weiter. Leider habe ich in meiner Pause einige Dinge verpasst, z.B. das nächste Fettnäpfchen von Steinbrück oder die neueste Veröffentlichung von Platzeck, sie wissen schon der vom BER, der wie sein Vorgänger Wowereit sein politisches Schicksal mit dem Flughafen verbindet.

Was ist geschehen bei Wowereit -NICHTS-, so stark hatte er sein Schicksal mit BER verknüpft. Da haben Sie richtig was vor sich, Herr Platzeck!

So, nun aber zu den Vorgängen um die Beobachterplätze beim bevorstehenden NSU-Prozess. Die ungeheuerlichen Vorwürfe einiger Türken, Deutsche Gerichte hätten etwas zu verbergen zeigen deutlich, dieser Prozess soll nur zur Stimmungsmache hochgeheizt werden. Jeder Journalist, jeder Verband und jede Person hätte sich im Vorfeld über die Bedingungen der so genannten ""Presseplätze" informieren und bei Interesse einen Platz bestellen können.

Die Voraussetzungen ergaben ein Potential von 50 Beobachter- oder Presseplätzen. Das Gericht hat für mich völlig demokratisch und legal entschieden. Die Plätze werden nach Eingang vergeben. Dies bedeutet natürlich mit der 50zigsten Anfrage ist der vorhandene Platz ausgefüllt. An dieser Stelle muss man aber auch dem Gericht bescheinigen, sie waren sehr kurzsichtig in der Planung des Prozesses.

Für mich schon schlimm genug, dass es für eine türkische Zeitung möglich ist Verfassungsbeschwerde einzulegen. So kann und darf es nicht möglich sein, dass unser demokratisches Deutschland von Ländern, welche noch einen weiteren Weg vor sich haben um unseren demokratischen Stand zu erreichen, dermaßen unter Druck gesetzt wird.

Putin ist ein schlimmer selbstverliebter Macho!

Habt ihr gestern die Nachrichten verfolgt und gesehen wie sich ein „lupenreiner Demokrat", geht es nach Ex-Kanzler Schröder, in der Öffentlichkeit verhält.

Was war geschehen: beim Verlassen des VW-Standes auf der Hannover Messe, sprangen plötzlich 4 Nacktaktivistinnen auf Putin und Merkel zu. Der gegen Putin gerichtete Protest wurde schnell von den Leibwächtern niedergerungen. Dank unzähliger Kameras im Umfeld konnte festgehalten werden, wie Putin mit einem zufriedenen Gesichtsausdruck, beide Daumen nach oben zeigend auf die Brüste einer der Aktivistinnen starrte. Neben dieser skurrilen Szene eine absolute Sicherheitslücke!

Danach vor den Kameras versuchte er alles, mit einem süffisanten Grinsen im Gesicht, als harmlos abzutun. Sich in dieser Art und Weise vor den Kameras der Welt zu zeigen, zeigt deutlich was er von allen anderen hält. Für mich ist dieser Mann eine heimlich-unheimliche Gefahr aus dem Osten.

Zaghafte Entschuldigungsversuche in Richtung Wulff!

Mir fallen Berichte von Prantl und Leyendecker in der SZ auf, aus welchem man zaghafte Entschuldigungen für den Ex-Präsidenten Wulff ableiten kann. Nach dem Dieser nun vehement vor der Staatsanwaltschaft Hannover seinen Unschuldsbeweis fordert.

Tatsächlich ist es so,dass von vielen hoch aufgebauschten Anklagevorwürfen nahezu nichts übrig geblieben ist. Nach einem Angebot der

Staatsanwaltschaft sollte das Verfahren gegen Zahlung von mehreren Tausend Euros eingestellt werden. Ein Angebot das man in diesem Verfahren besser nicht gemacht hätte.

Nach dem Wulff aber hart bleibt und nicht darauf eingeht kommen jetzt die ersten Hinweise aus den Medien, dass es möglich sei sich zu sehr in Pressefreiheit verrannt zu haben. Diese Erkenntnis kommt aber nur aus einer Ecke und wäre wahrlich flächendeckend angebracht. Ich bin sehr gespannt ob sich dem Kommentar aus der SZ weitere Medien anschließen werden?

Forsa bestätigt Schwarz/Gelbe Regierungskoalition!

Die neueste Umfrage des Forsa-Institutes sieht CDU (41%) und FDP(6%) mit zusammen 47% klar im Vorteil. Die Opposition bestehend aus SPD, Grünen und Linken kommen zusammen auf 46%, die Piraten bei 3% und kaum einer Möglichkeit in den Bundestag ein zu ziehen.

Dieses Ergebnis kommt vor allem durch die Unfähigkeit von P. Steinbrück, zur Darstellung eines Regierungschefs zustande. Die Mehrheit der Befragten traut ihm eine solide Führung des Landes nicht zu. Dieses drückt sich auch in den direkten Vergleichen von Ihm zur Kanzlerin aus. Nicht einmal 20% stimmten für Steinbrück nahezu 60%

aber für die Kanzlerin.

Noch ein paar Sätze zum Dienstwagen-Check der Umwelthilfe. Dieser wurde heute in der BILD veröffentlicht und hat mit Anforderung und Realität soviel zu tun, wie Grimms Märchen mit einem Sachbuch.

In diesen gepanzerten Fahrzeugen mit enorm hohem Eigengewicht müssen nun einmal PS-Starke Maschinen verwendet werden. Im allgemeinen gilt, je mehr PS je mehr umweltschädlicher Ausstoß. Zum einen sind wir grundgesetzlich verpflichtet die Köpfe unseres Landes zu schützen, nach ihrer Vorstellung aber muss der Schadstoffausstoß ganz gering gehalten werden, hat dann aber seine Schwierigkeiten als Fluchtfahrzeug weil zu wenig PS. Passt nicht zusammen!

Ein Wahlslogan der alles beinhaltet?

Wieder einmal ist es der SPD nicht gelungen etwas eigenes auf die Beine zu stellen. Es ist ihr nicht gelungen einen Wahlwerbeslogan zu kreieren welcher auf eigenem Mist gewachsen ist. Alle Beteiligten waren auch nicht in der Lage zu erkennen, dass genau dieser Spruch bereits seit 2007 von einer Zeitarbeitsfirma genutzt wird.

So wie es aussieht, ist der Slogan zwar rechtlich nicht geschützt, bleibt aber trotz allem ein billiger Abklatsch. Es sei denn, die SPD ist mit dieser, den Slogan nutzenden Firma näher im Kontakt und die mediale Aufregung und damit Aufmerksamkeit ist bewusst provoziert.

Egal, wie auch immer. Bleibt die SPD bei 23% zur Bundestagswahl hilft auch das neue „Wir Gefühl" nichts. Böse Geister munkeln schon Wowereit will vor Angst eines schlechten Wahlergebnisses das sinkende Schiff verlassen und endlich zurücktreten!

Staatsanwaltschaft erhebt Anklage gegen Wulff!

Nun hat es dieser Mensch gewagt, das Angebot auf Einstellung des Verfahrens gegen Zahlung von 20.000,00 Euro, abzulehnen. Nun muss er aber vor Gericht gestellt werden. Wir, die Staatsanwaltschaft Hannover, müssen doch irgendwie unseren Arbeitsaufwand rechtfertigen. In der Hoffnung das Gericht lässt eine Anklage zu geht diese Meldung natürlich durch alle Medien.

Genau da sind wir an dem Punkt der mich so in Rage versetzt. Bis auf wenige Medien ist die Meldung so verpackt, das der nicht involvierte Betrachter glauben muss, der Ex-Bundespräsident sei bestechlich gewesen. Tatsächlich aber handelt es sich um einen Vorgang welcher in die Amtszeit Wulffs als Niedersächsischer Ministerpräsident fällt. Glaubt denn wirklich irgendwer man könne einen Ministerpräsidenten mit 720 Euro bestechen? Bestimmt die Leute, die wie Frau Schausten guten Freunden für eine Übernachtung 100 Euro bezahlen.

Sollte es hier zu einer Anklage kommen ist sichergestellt, dass Amtsträger keine Freunde mehr haben dürfen, schon gar nicht solche die mal ein Essen bezahlen oder bei denen man mal kostenlos übernachten kann, wie es bei allen anderen Menschen dieser Welt Normal ist.

Westerwelle und der neue SPD-Wahlslogan.

Vor zwei Tagen habe ich über den geklauten Wahl-Slogan der SPD berichtet. Nun legt der FDP Außenminister Westerwelle nach uns sagt, hier liegt eine Ähnlichkeit zu einem von dem Unrechtsstaat-DDR benutzten Motto vor. In einer Anspielung auf die Zwangskollektivierung der DDR hieß es damals „Vom Ich zum Wir", so viel Geschichtsunwissenheit hätte ich der SPD gar nicht zugetraut, sagte Westerwelle im „Focus".

Auf den Tisch gebracht wurde das Thema zum NRW Wahlkampfauftakt der FDP. Spitzenkandidat Westerwelle attackierte auch Steinbrück hart. Unter anderem warf er dem SPD Kanzlerkandidaten vor in letzter Zeit mehrmals europäische Nachbarn mit flapsigen Sprüchen bedacht zu haben. Jemand der sich so verhält könne doch niemals Kanzler werden. Recht hat er!

Alternative für Deutschland (AfD), ein seltsamer Haufen?

Gestern nun fanden sich in Berlin viele Europa- und Eurogegner zur Gründung einer „Partei" zusammen. Viele hochrangige Professoren und gescheite Menschen geben ein Sitzungspräsidium bekannt, bevor es gewählt war. Es folgen handwerkliche Fehler die man so nicht erwartet hätte. Das schlimmste aber ist, sie sprechen von einem Einzug in den Bundestag, sogar von einer Regierungsbeteiligung, sollten sie denn zur Wahl am 22. September zugelassen sein. Größenwahnsinniger geht´s nicht mehr!

Auffälligkeiten in Richtung „rechts" sind nicht zu übersehen. Auffällig auch, dass in diesem Kreis viele vom Staat hochbezahlte Mitarbeiter vertreten sind. Sich also deutlich von der Masse der Bevölkerung abheben und einige in ihren Parteien nicht zum Zuge kamen und nun eine neue Chance suchen. Zunächst einmal kann ich nur hoffen, dass die Bestätigung der Parteigründung so viel Zeit in Anspruch nimmt, dass es nicht mehr für eine Zulassung zur Wahl 2013 reicht.

Seit geraumer Zeit fordere ich ja die Wähler auf auch zur Wahl zu gehen. Das aber sollte für jeden Anreiz sein, auch sorgfältig zu prüfen, was er wählt und nicht irgendwelchen populistischen Partei- oder Medienaufrufen zu folgen.

Die USA waren nie aus dem Blickfeld.

Diese entsetzlichen Bombenanschläge bei einer Sportveranstaltung (Boston-Marathon) zeigen sehr deutlich, dass Amerika nie aus dem Focus der Terroristen verschwunden war. Gegenwärtig mindestens drei Tote und über 100 Verletzte wurden Opfer eines hinterhältigen Mordanschlages. Überlebende, Augenzeugen und Familienangehörige werden diese Trauma ihr Leben lang nicht verarbeiten können, deshalb ist unsere Solidarität mit ihnen sehr wichtig.

Die aber, die solch eine schreckliche Tat geplant und ausgeführt haben gehören geächtet, weltweit gejagt und vor ein Gericht gestellt. Krieg ist eine Sache welche sich leider nicht verhindern, aber sehr stark eindämmen lässt. Friedliche Sportler aber mit Bombenanschlägen zu töten, ist ein frontaler Angriff auf jede Form der Demokratie.

Dieser Anschlag zeigt aller Welt in aller Deutlichkeit, das Sicherheitskonzept darf nie in Frage gestellt bzw. vernachlässigt werden. Genau dafür sollten alle, in Frieden lebenden Weltbewohner, Verständnis zeigen!

Hat sich die SPD nach Hartz und Riester wirklich geändert?

Nein hat sie nicht! Ein stimmungsvoller Parteitag in Augsburg, eine herzliche Vertrautheit zwischen Gabriel und Roth zwingt die

Teilnehmer und Beobachter wie euphorisiert in die Zukunft zu sehen. Was sehen sie dort, eine SPD die dauerhaft ihren Führungsanspruch bekräftigt aber im 2stelligen Prozentbereich hinter der CDU zurück liegt. Treu an der Seite von Gabriel die Abgesandte der Grünen, die natürlich auch Macht wollen, diese aber nur mit der SPD durchsetzen können, da selbst zu schwach mit irgendwo zwischen 15 und 20 Prozent.

In der Fortführung von Hartz und Riester versucht uns nun Steinbrück das bisschen Geld aus der Tasche zu ziehen. Wie sich in diesen Tagen bestätigt hat, wurde der Riesterfaktor falsch berechnet und kostet unsere Rentner rund 5% der Rente. Danke SPD, danke Herr Schröder! Eindeutige Entschuldigungen und Kursveränderungen der SPD in diesen Angelegenheiten - Fehlanzeige -. Aber jetzt können wir alles besser, will uns die SPD demonstrieren, wer´s glaubt?

Weil wir gerade bei der Rente sind, mir ist aufgefallen dass angeblich noch keine Gleichheit zwischen Ost und West bestehen soll. So werden die Ostrenten überproportional zur Mitte des Jahres erhöht. Weil sie nach Aussagen der Regierung (CDU/FDP) noch zurück hängen. Dann frage ich doch mal wie es kommt, dass in der Einzelauflistung ein männlicher Ostrentner runde 100 Euro monatlich mehr und eine Rentnerin nahezu 400 Euro monatlich mehr bekommt als die

Westrentner. Darüber sollten sich alle mal Gedanken machen.

Berlin, die Hauptstadt der Bauschlampereien!

Es ist schon seltsam, dass ausgerechnet in der Hauptstadt Großbaustellen immer wieder zu Pfuschbaustellen werden. Der völlig verpfuschte Flughafen BER, der schleichende Pfusch bei der Staatsoper und nun der Hammer. Hauptbahnhof Berlin, ein erst vor 7 Jahren eröffnetes monumental Bauwerk, PFUSCH! Da fragt man sich hat das Methode oder ist es Zufall?

Ich glaube von beidem etwas. Zum einen der Versuch des Bürgermeisters und seiner SPD in der Hauptstadt monumentales geschaffen zu haben und zum anderen die Unfähigkeit der Planer und Bau-Chefs dieses zu realisieren. Von denen dabei verbrannten Steuergeldern will ich gar nicht reden, denn die sind sowieso futsch. Reden will ich aber davon, dass bei diesem Bahnhof zwei Menschen maßgeblich beteiligt waren, da wäre der heutige BER-Chef Mehdorn und der damalige Projektleiter Ingenieur Hany Azer. Genau diesen Mann will nun Mehdorn mit in das Boot BER holen! Ob das gut geht? Nach jüngsten Umfragen haben die Berliner dieses auch erkannt. Die SPD hat seit Dezember 2011 9% Punkte verloren und steht jetzt bei 24%. Die CDU hingegen ist so stark wie seit Jahren nicht mehr und erreicht 28%. Jetzt schon dicht auf den Versen die Grünen bei 21%, dahinter die Linke mit 13%. Die Piraten knapp an den 5% und die FDP deutlich darunter.

Frauenquote das momentane Wahlkampfwort

Die gestrige Debatte und Abstimmung im Bundestag zur Frauenquote hatte nur ein einziges Ziel = WAHLKAMPF. Wer mag denn den Rot/Grünen, die jahrelang zum Thema schwiegen, heute eine komplette Umkehr zutrauen. Nein, sie haben gewusst, mit diesem Punkt bringen wir ein Stück Rebellion in die Regierungskoalition. Der CDU Parteitag sagte einst nein zur Frauenquote, die FDP lehnt sie sowieso ab aber Frau von der Leyen und ein Kreis um sie, ist dafür.

Womit Gabriel und Trittin aber nicht rechnen konnten, es aber eigentlich hätten wissen müssen: die Kanzlerin hat alle in die Spur gebracht, womit der Oppositionsvorschlag im Bundestag abgelehnt wurde.

In allen späteren Berichten aber wird nicht die Unfähigkeit von Rot/Grün beschrieben sondern die Erpressbarkeit der Kanzlerin. Sollte es die Opposition natürlich wie eingangs genannt, als reine Wahlkampfveranstaltung verstanden haben, war das ein recht geschickter Wahlkampftrick.

Die, die den Hals nicht voll kriegen!

Der Querdenker, der Oberlehrer, der Maßregler der Fußball Bundesliga, Uli Hoeneß ist nun urplötzlich ein Politikum geworden. Die Existenz von Schwarzgeldkonten in der Schweiz wurden nun öffentlich, als sich der selbsternannte Saubermann auch selbst anzeigen musste um noch schlimmeres zu verhindern. Natürlich ein Thema für die gesamte Journaille.

Sehr interessant dabei die unterschiedliche Betrachtungsweise. So schreibt der eine „Hoeneß soll ein Konto in der Schweiz" haben. Wenn er sich selbst anzeigt, muss er ja wohl eines haben. Ein Anderer, dessen Chef immer auf der Bayerntribüne zu sehen ist, hält sich sehr bedeckt und ist in den Ausführungen kürzer als alle anderen. Was mich hierbei in Erstaunen versetzt, Bayerns Ministerpräsident Seehofer wusste um die Ermittlungen gegen Hoeneß und die Journalisten im Umfeld haben nichts gemerkt um da eventuell nach zu haken?

Ich kann mich gut erinnern, als einst ein Bundespräsident für sein Kind ein Bobby-Car erhielt war das schon ein Aufreißer für die Medien. Wenn einer nach unbestätigten Angaben 6 Millionen Euro Steuern direkt an den Staat überweist, weil man ihn am Schlafittchen hat, ist die allgemeine Empörung wesentlich kleiner als bei einem Bobby-Car.

Nie hätte man Berlusconi und Hoeneß in einen Topf geworfen, ups nun ist es geschehen! Liebe Bayern, da müsst ihr jetzt ganz schön aufpassen dass da nichts auf den Verein abfärbt.

Man muss noch einmal über Hoeneß reden.

Selten habe ich an zwei aufeinanderfolgenden Tagen über ein und das selbe Thema geschrieben. Der Steuerbetrug des FC Bayern Präsidenten Hoeneß macht dieses aber erforderlich.

Ein Mann der sich selbst als absoluter Saubermann in Deutschland präsentierte, sich im Glanz eines Heiligenscheins wohl fühlte und sogar im Fall seines damaligen Spielers Breno das Gesetz verbiegen wollte. Genau dieser Mann ist Steuerbetrüger, oder zeigt sich jemand selbst an der nichts zu verbergen hat?

Nun haben wir gestern Abend bei Jauch von einer sachverständigen Person gehört, Steuerhinterziehung ist kein Kavaliersdelikt sondern eine Straftat. Wenn also die Selbstanzeige nicht greift, wird Herr Hoeneß auf Grund der Höhe der nicht gezahlten Steuern wohl ins Gefängnis wandern müssen.

Die Medienvielfalt spricht von verheerenden Kommentaren zu seinem Fall. Ich finde der Anlass für diese Berichterstattung (Steuerbetrug) wird in fast allen Berichten in 2 Sätzen abgehandelt. Überwiegend wird die Herrlichkeit seiner Person beschrieben. Da waren Berichte über andere in der Öffentlichkeit stehende Personen eindeutige Vorverurteilungen und in meinen Augen wesentlich verheerender!

Welche Verbindung gibt es zwischen Steinbrück und Hoeneß?

Mehrere Medien mutmaßen mit der Steueraffäre Hoeneß einen Stolperstein für die CDU und Frau Merkel im anstehenden Wahlkampf. Nach etlichen Berichten wird der CSU nahe Hoeneß nun zum wichtigen Wahlhelfer der Opposition, sagen sie.

Ab 2006 gehörte er zu einem kleinen aber feinen Kreis mit dem sich der damalige Finanzminister Steinbrück regelmäßig austauschte. Da kann es eigentlich keinen verwundern, dass genau in dieser Zeit, wie später festgestellt, das untaugliche Steuerhinterziehungsbekämpfungsgesetz installiert wurde. Ich bin ganz sicher die Journalisten um Leyendecker werden diese Steilvorlage aufnehmen.

Nun werden wir abwarten was die weiteren Ermittlungen ergeben um dann zu erkennen, ob Wahlhelfer für die Opposition oder Genickbrecher für Steinbrück am Ende dabei heraus kommt.

Anmerkungen zu Ihrem Zwischenruf aus Berlin, Herr Jörges!

In Ihrem gestrigen Artikel „Fürsorgliche Vernichtung" berichten Sie über Art und Weise der Berichterstattung über Wulff und Steinbrück.

In irgend einer Art von Selbsterkenntnis reihen Sie sich in die Riege der Journalisten ein, die durch nicht immer faire Berichterstattung Einfluss auf Geschehnisse genommen haben. In erster Linie natürlich die Springer Presse. In diesem Zusammenhang verweise ich auf meine Blogs vom 29. Januar 2012 „Meinungsmache der BILD" und vom 8. Februar 2012 „Springer Presse kontra Wulff" nachzulesen in meinem Buch *„Mein politisches Berlin"*.

Herr Jörges, ich verstehe Journalismus als die Pflicht der Menschheit zu berichten, was geschehen ist, in Ausnahmefällen eventuell was geschehen wird. Auch der investigative Journalismus sollte sich von Druck und Vermutungen fern halten. Diese Erkenntnis entnehme ich aus Ihrem gestrigen Artikel. Es ist für mich schon erstaunlich, dass Sie als ein führender Medienvertreter die Arbeit ihrer „Kollegen" in dieser Art und Weise kritisieren.

BER Lärmschutz Betrug am Steuerzahler!

Mit dem Richterspruch von gestern Abend, den Lärmschutz in der Region des BER nach zu bessern, werden mit Billigung der Richter die Steuerzahler teilweise hintergangen. Dazu müssen die BER Betreiber nochmals bis zu 500 Millionen Euro mehr in die Hand nehmen. Wir sprechen hier von ca. 14 000 Wohnungen, welche in dieses Programm fallen. Danach aber ist die Einrichtung „Lärmschutz" nicht zwingend vorgeschrieben.

Wenn die Kosten des Schutzes mehr als 30% des Verkehrswertes eines Hauses betragen fällt man in dieses Programm. Dabei ist es nicht unüblich von Seiten der BER Betreiber, Kosten bzw. Entschädigungen in bar zu bezahlen. Wer diese Geld nimmt und keine Lärmschutzmaßnahmen betreibt, ist in meinen Augen ein Schmarotzer und schädigt das Volkswohl.

Es spricht ja kein Richter über die Anwohner anderer Bezirke die unter der Schlamperei BER ebenfalls leiden müssen. Zum Beispiel rund um Tegel wo schon lange Ruhe sein sollte, statt dessen haben sie erheblich mehr Fluglärm. Welche Entschädigung bekommen die denn?

Zu allem Überfluss kommt nun noch der neue Aufsichtsratsvorsitzende Platzeck mit einem strengen Nachtflugverbot daher. Glaubt dieser Mensch denn wirklich, einen über fünf Milliarden Euro teuren Provinzflughafen vor den Menschen rechtfertigen zu können? Denn diese Größenordnung wird bis zur Fertigstellung des Flughafens locker erreicht werden.

.
Achtung, Trittin und Gefolgschaft
„Hochmut kommt vor dem Fall"!

Wo nehmt ihr Grünen eigentlich den Hochmut her öffentlich zu verkünden: „mit solchen Amigos von der CSU koalieren wir Grünen auf keinen Fall". Wenn euer SPD Freund Schröder damals genau so reagiert hätte, im Bezug auf Fischer, wärt ihr heute noch im Loch der Bedeutungslosen. Gerade erst wurde ein Preis an eines eurer Mitglieder verliehen, anhängend starke Misstöne in der Öffentlichkeit.

Das ist aber das, was ihr mit eurem Lieblingspartner SPD gemeinsam habt. Was interessiert mich mein Verhalten von gestern. Ich bin gespannt wann es der Basis gelungen ist, den einzigen Ministerpräsident den die Grünen haben zu vergraulen. Wenn die Nation auf die Pläne der Grünen im Punkt Atomausstieg und erneuerbare Energien gehört hätte, wäre Strom schon heute für die Unterschicht bis in weite Kreise der Mittelschicht nicht mehr bezahlbar.

Ich kann es nur begrüßen, wenn die Parteispitze Solidarität zum SPD Steinbrück fordert. Dadurch werdet ihr gemeinsam mit dem Wunschpartner so geschwächt, dass, Gott sei Dank, an eine neue Rot-Grüne Regierung nicht zu denken ist.

Und das ist auch gut so!

Hoffnungsschimmer in Italien!

Nun hat es Italien doch noch geschafft ein Regierungsbündnis zu schmieden. Die Sozialdemokraten und vor allem Enrico Letta haben es möglich gemacht. Für Resteuropa bleiben zwei gute Nachrichten. Zum einen die Regierungsbildung und zum anderen, das alles geschieht ohne Berlusconi.

Kaum ist seine Partei im Bündnis, sorgt sie auch gleich wieder für den Negativtouch. Der Parteivorsitzende soll Innenminister werden, hat durchaus einen ernsten Hintergrund, wie ich meine.

Wollen wir sehen ob diese Regierung die nächsten 6 Monate übersteht!

Wo sind die Unterschiede bei Hoeneß und Wulff?

Seit einer Woche nun befassen sich Medien und Bevölkerung mit dem Steuerhinterzug von Hoeneß. Da wird festgestellt, dass sich der Mann selbst angezeigt hat und darüber spekuliert, ob er durch die Selbstanzeige straffrei bleiben kann. Da werden in repräsentativen Umfragen Ergebnisse zu dem Gut-Menschen Hoeneß reihenweise eingeholt. Da wird über den Verlust seiner Reputation und Würde spekuliert und den Menschen das Bild eines „armen Steuersünders" gezeigt. Nicht das wir es vergessen, neben der eventuellen Verstrickung zum Partnerpakt mit Adidas ist Herr Hoeneß ein ehemaliger Fußballspieler. Wurstfabrikant, Präsident eines Fußballvereins und Zocker.

Herr Wulff war nichts davon. Ministerpräsident und später

Bundespräsident. Ich kann mich nicht entsinnen, dass in seiner Angelegenheit die Medien und Menschen unterwegs waren um den Gut-Menschen in ihm zu suchen. In seiner Angelegenheit, die im übrigen bis heute auf ca. 750 Euro eventueller Vorteilnahme zusammengeschrumpft ist und kein Schuldbeweis vorliegt, war es eine beispiellose Menschenhatz. Jeder hat ihm alles vorgeworfen und geraten Offenheit zu zeigen und nicht die Salamitaktik zu benutzen. Man hat von Herrn Wulff verlangt sich selbst zu zerfleischen, hat das irgendjemand bei Herrn Hoeneß verlangt? Nicht das ich wüsste!

Unverständliches durch Bundesverfassungsrichter!

In Deutschland geschehen schreckliche Verbrechen und gegen eine Angeklagte soll verhandelt werden. Soweit nichts ungewöhnliches. Viele der Opfer haben einen Migrations-Hintergrund und selbstverständlich liegt ein großes Interesse der entsprechenden Medien zur Berichterstattung vor. Das verantwortliche Oberlandesgericht München hat nun die zur Verfügung stehenden Medienplätze in der Reihenfolge des Eingangs der Anmeldung akkreditiert. Da dieses Verfahren offensichtlich von mehreren ausländischen Medien verschlafen wurde, kam es zu einer Klage vor dem Verfassungsgericht, mit Erfolg! Das Gericht entschied andere Vergaberichtlinien darunter auch das jetzt angewendete Losverfahren.

Dieses Einknicken der deutschen Gerichtsbarkeit vor dem Ausland hat nun die nächsten Klagen ausgelöst. Es muss doch jedem Richter in Deutschland klar sein, dass bei einem solchen weltweit beobachteten Gerichtsverfahren die "Brigitte" oder folgende Radiosender - Radio Lotte - Radio Charivari - Radio Lora nicht gerade die prädestinierten Berichterstatter sind. Zeitungen wie die Frankfurter Rundschau, der Tagesspiegel, Nachrichtenagentur Reuters oder andere bekannte müssen draußen bleiben. Dagegen hat „Al Jazeera" eine Zulassung.

Liebe Richter, wenn Ihr diese Art der Vergabe von Medienplätzen zur Berichterstattung ausgewogen und gerecht findet, dann glaube ich stimmt irgend etwas im Berufsbild nicht mehr!

Die Lust fremdes Geld zu verschenken!

Bevor ich zum eigentlichen Thema komme, zwei erfreuliche Meldungen aus meiner Sicht. Die Walpurgisnacht verlief in ganz Deutschland weitgehend friedlich und die Dortmunder Fußballer haben den Einzug ins Finale geschafft!

Nun aber zur Lust einiger „Staatsdiener" Steuergelder unnötig zu verschwenden. Wie der „STERN" berichtet, wurden in Mecklenburg-Vorpommern kurzerhand nahezu neue PCs wegen dem relativ harmlosen Schädlings Conficker-Wurm im Wert von nahezu 190.000 Euro vernichtet. Offensichtlich kannte man keinen besseren Weg. Dabei wäre es ein leichtes gewesen, den Schädling mit einem kostenlosen Tool zu entfernen. Diese und andere immer wieder bekannt werdende Geschichten gehen alle zu Lasten des Volksvermögens und zeigen wie unsachgemäß entscheidende Stellen in den offiziellen Amtsstuben besetzt sind.

Eine bessere Prüfung auf Eignung und Besetzung entsprechender Stellen scheint dringend angebracht!

SPD und Grüne, die Saubermänner sollen wir denken

Da hauen beide Parteien auf die CSU, führen das Wort vom „AMIGO" wieder ein und sind dabei selbst nicht besser. Mittlerweile ist bekannt, dass auch Abgeordnete der SPD und der Grünen in Bayern Familienmitglieder beschäftigt hatten. Das stört beide aber nicht jede Gelegenheit zu nutzen, alles was irgendwie mit Regierung und Schwarz/Gelb zu tun hat, zu verteufeln.

Da stört auch nicht, dass die Hoffnungsträgerin aus NRW, Kraft, leere schriftliche Versprechungen in ihrem Land abgibt und bei verschiedenen Gewerkschaften deswegen unten durch ist. Wir wollen an die Macht, wie auch immer. Da fährt der Vorsitzende Gabriel auf dem Grünen Parteitag einen Kuschelkurs und sein Spitzenkandidat Steinbrück distanziert sich von den unmöglichen Steuerplänen seines grünen Lieblingspartners.

Es wäre für mich schwer zu ertragen wenn diese Gruppierungen aus Rot und Grün das Vertrauen der Wähler bekommen sollten und in der Regierung ihre wirren, widersprüchlichen und halbwahren Grundsätze verbreiten dürften!

Die Fassade vom Gut-Mensch Hoeneß zerbricht!

In seinem Gespräch mit der „ZEIT" behauptet Hoeneß er sei lange Zeit nahe am Abgrund zur Zockerei gewesen, jetzt aber geheilt. Heute berichtet die "BZ" in Berlin, dass seine Familie und vor allem sein Sohn das anders sieht.

Genauer gesagt Ehefrau, Tochter und Sohn sind von dieser Aussage nicht überzeugt. Sie hätten U. Hoeneß wegen seiner Zockerei schon länger zur Rede gestellt, wie die „BZ" schreibt.

Mich interessiert hier aber nicht die Familie Hoeneß, vielmehr die mediale Erhebung zum Gut-Menschen. Die gesamte Berichterstattung über den selbst angezeigten Steuerbetrug wurde in allen Medien dem sozialen Engagement von Hoeneß untergeordnet. Ja, er hat zwar die Steuer hinterzogen, aber..... Das zeigt mir deutlich, da die Opposition weiterhin den Ankauf von gestohlenen Steuerdateien aus der Schweiz befürwortet. Den Fall Hoeneß somit als abschreckenden Vorfall einordnet, wir wollen nicht nur die uns zustehenden Steuern, wir wollen Verurteilung und Verunglimpfung. Kann es das sein? Ich glaube nicht!

Eine Lanze für die FDP brechen!

Man muss auch einmal deutlich hervor heben, im Fall der Bayrischen AMIGO Affäre ist die FDP nicht betroffen. Da wurden nun 79 Namen veröffentlicht, diese Parlamentarier haben in irgendwelcher Form Verwandte beschäftigt. Das sich dabei ein gewisser Proporz widerspiegelt ist eigentlich normal.

Noch bevor alles offengelegt war, polterten SPD und Grüne los und verlangten etliche Rücktritte. Mittlerweile steht fest, dass ein rundes Drittel der Betroffenen aus den eigenen Reihen stammt. Darunter sogar eine ehemalige Bundesministerin.

Leider ist es wieder einmal so, dass dieser Proporz nur selten medial herausgestellt wird. Es darf ja auch nicht sein, dass einmal die FDP gelobt wird, schließlich versucht man doch mit allen Mitteln die Partei auf Bundesebene unter 5% zu halten.

Ist Berlin noch zu retten?

Der Berliner sagt: „das geht auf keine Kuhhaut". Was in dieser Stadt derzeit politisch abgeht, ist für viele Bürger der Hauptstadt unverständlich. Beginnen wir mit Kleinigkeiten, der Fährverkehr nach Valentinswerder eingestellt. Nach Änderung des Betreibers müssen alle Genehmigungen neu eingeholt werden, die alte Fähre beschlagnahmt. In der Nacht wird aus einem vorbei fahrenden Pkw mehrmals auf ein Lokal geschossen. Alle Großbaustellen laufen aus dem Ruder. Die SPD beschwert sich über den Einsatz von Pfefferspray bei den Mai-Demonstrationen. Sollen die armen Polizisten wirklich „nackt" gegen die Demonstranten antreten, oder was soll dieser Schwachsinn? Nun aber ein schlimmer Verdacht im Zusammenhang mit BER.

Auslaufende Verträge mit Einzelhändlern und Gastronomie im Flughafen Tegel sollen nicht verlängert werden. Um einigen anstehenden Klagen der für BER vorgesehenen Gewerbetreibenden auszuweichen, sollen diese dann Verträge in Tegel bekommen. Was geschieht in dieser Stadt?

Welche weiteren kuriosen Blüten wird der Drang der BER Eröffnung noch mit sich bringen? Was richten Mehdorn und Platzeck noch alles an?

Die interne Trägheit der "GRÜNEN"

Es ist schon sehr erstaunlich, wie Träge die Grüne Führungsriege auf unentschuldbare öffentliche Äußerungen eines ihr Mitglieder reagiert. Aus der Vergangenheit erinnere ich wie schnell Trittin, Roth, Kühnast oder Özdemir auf andere Vorfälle reagieren. Wenn, wie in diesem Fall, der Stralsunder Grüne Kerkovius den FDP Chef Rösler öffentlich diffamiert, schlafen sie alle.

Gleich nach dem FDP Parteitag postete der Grünenpolitiker „Schade, dass die NSU-Gruppe sich nicht solche vorgenommen hat, denn das wäre nicht so schlimm!" Gemeint war der FDP Chef Rösler. Diese öffentliche Ausdrucksweise muss von einer Parteiführung umgehend gerügt werden. Hallo Führungsriege der Grünen, wart ihr so mit eurem Steuerschlamassel beschäftigt, das euch solch ungeheure öffentliche Ausdrucksweise entgangen ist? Glaube ich nicht!

P.S.: Mittlerweile hat sich Kerkovius entschuldigt.

Bayern München, das Herz im „AMIGO-LAND"

Gestern traf sich der Aufsichtsrat des FC Bayern München erstmals nach bekannt werden der Selbstanzeige ihres Vorsitzenden, wegen Steuerbetruges. Hatten viele im Vorfeld spekuliert, dass die Mitglieder, VW, Audi, Telekom, Adidas, FOCUS und E. Stoiber Herrn Hoeneß nahe legen würden, er möge das Amt bis zu vollständigen Klärung ruhen lassen, geschah genau das Gegenteil. Ein sich selbst anzeigender Steuerbetrüger bleibt mit Rückendeckung in diesem hohen Amt.

Wäre das in einem der vorgenannten Unternehmen passiert, wette ich drauf, diese Person wäre längst nicht mehr im Amt und mit Schimpf und Schande vom Hof gejagt worden. Aber wir sprechen hier vom Schutz eines Gut-Menschen Hoeneß. Da wirft man H. Seehofer in seiner Bayrischen Regierung Vetternwirtschaft im AMIGO Stil vor, hier kann er noch einiges lernen.

Wer glaubt denn noch an eine strafbefreiende Wirkung seiner Selbstanzeige, alle Indizien sprechen dagegen. Auch ein Superdeal seiner Anwälte führte zu einem vorbestraften Präsidenten dieses Gremiums. Noch deutlicher kann man den Bürgern Überheblichkeit nicht demonstrieren!

NSU Prozessauftakt mit Vertagung

Gestern nun der langersehnte Prozessauftakt gegen den NSU und vor allem gegen B. Zschäpe. Im Vorfeld zwei Dinge die mich stutzen lassen. Ich sehe im FOCUS online ein Bild auf welchem sich Zschäpe mit einem offensichtlich vermummten Menschen unterhält und die Polizisten sehen zu. Wie darf so etwas sein?

Zum Zweiten ist mir unverständlich wie Journalisten um Berichterstatter Plätze kämpfen müssen und unter den Zuschauern offensichtlich Rechtsradikale Einlass finden. Eine Gesamtblamage der deutschen Gerichtsbarkeit von Oben bis Unten ist hier deutlich erkennbar. Da wurde um jede Minute gerungen diesen Prozess beginnen zu lassen und nun ist er schon wieder um eine Woche verschoben.

Gewissenhaftigkeit und Ehrlichkeit sehen anders aus. Das gilt für alle Beteiligten, oder wusste man erst seit gestern welcher Richter den Vorsitz führen würde?

Fluch oder Segen, die Zuwanderer!

Die Zahl der Zuwanderer ist so hoch wie seit fast 20 Jahren nicht mehr. Darunter viele Spanier, Italiener, Griechen und Portugiesen. Leider ist aus den momentanen Zahlen nicht zu erkennen, ob sie als gut ausgebildete Arbeitnehmer oder als Bittsteller zu uns kommen. Wobei man hier davon ausgehen kann, dass der größte Teil berufliche Angebote angenommen hat.

Leider aber wird die Zuwanderung nach wie vor von den Osteuropäern, allen voran von den Polen bestimmt. Hier ist davon auszugehen dass der größte Teil auf staatliche Unterstützung angewiesen ist. So nützlich wie die qualifizierten Arbeitnehmer für unsere Wirtschaftsentwicklung sind, genauso stark belasten die auf Transferleistung angewiesenen Zuwanderer. Hier entsteht zwangsläufig die Frage, wie lange hält unser Staat das noch durch?

SPD Gabriel haut wieder einen raus, Tempolimit!

Da ist ein Parteivorsitzender der in seinem Dunstkreis verblasst. Ob Nahles, Steinmeier oder gar Steinbrück, sie alle drängen ihn in den Hintergrund. Also dachte er sich, ich muss mich mal wieder zu Wort melden. Leider äußert er sich zum Thema Tempolimit 120 auf Autobahnen und läuft voll auf.

Alle drei genannten widersprechen ihrem Vorsitzenden öffentlich, ist nicht spaßig kann ich mir vorstellen. Das ganze knapp vier Monate vor der Wahl. Autsch, so wird das nie was mit dem Regieren Herr Gabriel. Dazu kommt ein vehementer Gegenspruch vom ADAC. Ich kann aus eigener Erfahrung berichten, jedes mal durch die DDR mit Tempo 100, absolut tödlich diese Geschwindigkeitsbegrenzung. Aber da werden sie wohl nicht so oft gefahren sein Herr Gabriel.Unterm Strich bleibt: vermeintlicher Pluspunkt für ihre Partei „AMIGO" in Bayern, durch Tempolimit von ihnen vom Tisch gewischt. Danke!

Die BILD und der inszenierte Machtwechsel!

In meinen Augen zeichnet sich der Trend, den politischen Machtwechsel zur Bundestagswahl innerhalb der BILD zu forcieren immer deutlicher ab. Da werden seit der Wulff-Berichterstattung alle die Regierungskoalition belastenden Merkmale in den Vordergrund gerückt. Die Herausforderer von ROT/GRÜN kommen vergleichsweise milde davon. Hat mir nicht den journalistischen Ansporn der fairen und unabhängigen Berichterstattung gezeigt.

Die heutige Buchvorstellung „das erste Leben der Angela Merkel" ist ein weiteres Indiz dafür. Keines der namhaften Medien hat dieses Buch im Vordergrund, nur die BILD. Der GRÜNE Steuerwahnsinn, die roten internen Streitigkeiten, alles nur Randerscheinungen. Oder muss die Veröffentlichung dieses Buches als Hoeneß-Ablenker verstanden werden.

Ich auf jeden Fall würde mich sehr freuen, wenn die Medien zu ihrer eigentlichen Aufgabe zurück kehren würden und objektiv, ohne jeglichen Versuch der Einflussname, über das Geschehen der Welt berichten würden!

Steinbrück, Wiesehügel
und die SPD Mähr vom armen Deutschland

Heute bin ich wieder da. Es ist schon peinlich wenn man sich einen

Stick fürs Internet besorgt und dann tatenlos zusehen muss, wie man eben nicht ins Netz kommt und keinen regelmäßigen Blog veröffentlichen kann. SORRY!

Nun aber zu dem was mich politisch bewegt und aufregt. Kompetenzteam Steinbrück, Warum wundere ich mich nicht, das als erster kompetenter eventueller Minister ein hochrangiger Gewerkschaftsfunktionär genannt wird. So, ich habe gezeigt, ich bin offen in Richtung Gewerkschaften weil meine Partei es so will. So den hauptamtlichen Scharfmacher der SPD Oppermann habe ich auch benannt. Sonst noch irgendwelche Wünsche Herr Vorsitzender, Kollege Steinmeier?

Lassen wir mal Frau Nahles außen vor, für sie wird sich bestimmt später noch ein Plätzchen finden. Jetzt ist erst einmal wichtig, der vorgesehene Gewerkschafts-Minister klopft im ganzen Land auf einen flächendeckenden Mindestlohn. Kriegen sie als Gewerkschaft zwar nicht hin, aber unser Kumpel Steinbrück wird ja Kanzler und hilft uns dann dabei. Auch wollen wir die riesige Armut in unserem Land nicht vergessen.Das Kölner Forschungsinstitut IW belegt in neuesten Studien, so wie es SPD und Gewerkschaften darstellen, ist es nicht! Diese Veröffentlichung sollte sich aber jeder ansehen und sich dann seine eigene Meinung dazu bilden.

Wann wird der BER Sumpf endlich trocken gelegt?

Wieder einmal und auf leisen Sohlen schleicht sich das Elend um BER in unser Bewusstsein. Der Schallschutz und die Umlegung eines völlig absurden Gerichtsbeschlusses. Ein vom Volk aufgeklärter Schreibfehler von Brandenburger Beamten und Juristen des Flughafens führte zu dieser Entscheidung. In den Kreisen der Verantwortlichen glaubte man nicht, das dieser Fehler gefunden würde.

Nun sagt Roger Fieting, Richter am OLG, faktisch darf rund um die Uhr der Fluglärm nicht lauter als ein Gespräch sein. Dies hat zur Folge BER muss bei rund 14.000 Haushalten den Lärmschutz nachbessern. Genau dieses aber wurde nicht exakt ausgewiesen. Sondern folgendes Absurdum - die Betroffenen müssten mit 30% des Verkehrswertes entschädigt werden -. Dabei ist unerheblich ob das Geld in den Schallschutz fliest oder auch nicht. So wolle sich der BER-Aufsichtsrat Platzeck viele Stimmen sichern nur sein Flughafenchef will ihm dort einen Strich durch die Rechnung machen und tatsächliche Baumaßnahmen durchführen.

Die spannende Frage wer hier gewinnt. Der Macher oder der SPD Politikverschieber?

Wahlmüdigkeit jetzt schon?

Nach Durchsicht der wichtigsten deutschen Medien, stelle ich heute fest: Donnerwetter, ein Tag ohne Wahlkampfgetöse!

Weder Gabriel noch Steinbrück, seit geraumer Zeit Steinmeier schon gar nicht, sogar Oppermann, keiner in den Medien. Was ist los SPD - Urlaubsvorbereitungen? Einzige Ausnahme Frau Kraft, sie kann wieder einmal nicht halten was sie ihren Beamten versprochen hat.

Auch bei den Grünen, keine Roth oder Kühnast, weder Özdemir noch Trittin, Sie alle haben nichts zu beklagen? Na ja und die Linke ist genau so still, nur Gysi meint er müsste sich mit Maschmeyer verbrüdern um seine alten SED Millionen zu retten. Kläglich gescheitert!

Aber auch um Merkel, Schröder und v. der Leyen oder Kauder im Moment nichts zu hören. Da schließt sich die FDP mit Rösler, Brüderle, Westerwelle nahtlos an. Nur Kubicki traut sich öffentlich zu sagen, dass Gysi um alte DDR Millionen bibbert.

Selbst um Hoeneß ist es still geworden. Was ist los ihr überregionalen Medien, habt ihr eure Politberichterstatter jetzt schon alle in die Ferien geschickt? Wir sollten die 20. Kalenderwoche genießen, so wenig Politikgetöse hört man selten!

Die Rente, eines der größten Problemfelder!

Gestern Abend bei Maybrit Illner, die Rente. Dieses Generationen übergreifende Grundrecht kann von mehreren Seiten betrachtet werden. Eine besondere Kaste, die Beamten und ihre staatliche Rente, genannt Pension, klammern wir hier aus. Der Vertreter der Beamtenschaft völlig uneinsichtig. Das der Staat in 2050 beinahe eine Billion Euro an Pensionen auszahlen muss, beeindruckte ihn nicht. Die Politik schon. Auch das die Pensionen im Vergleich zur Lebensarbeitszeit nahezu 3x so hoch wie die Renten ausfallen beeindruckte ihn nicht. Er argumentierte das ja immerhin nahezu 75% aller Beamten einen Hochschulabschluss hätten und ihnen daher im Vergleich zum Normalo Rentner die höheren Pensionen zuständen. Völlig daneben Herr Dauderstädt!

Nahezu alle Anwesenden waren sich einig, eine Gesamtumlage in die Rentenversicherung würde den Rentnern gut tun. Wenn also alle einzahlen, auch die Selbstständigen, die Beamten und Politiker würde das im Laufe der Zeit den Staat entlasten und zu gerechterer Verteilung im Alter sorgen. Der von der SPD geforderte Mindestlohn würde nach Berechnungen bei weitem nicht ausreichen um Rentenniveau über einer Altersarmut zu garantieren. Auch war ich überrascht das die anwesende stellvertretende SPD Vorsitzende Schwesig Fehler der Rot/Grünen

Regierung zugegeben hat. Riester-Rente eine Pleite.

Es gab aber auch erkennbare Tendenzen, dass die Rente jetzt schon lebensfreundlich gestaltet werden könnte. Das Geld dafür sei vorhanden!

Werden Politik und Demokratie durch Richterbeschlüsse verdrängt?

Wieder einmal spielen sich die Richter in den Vordergrund und erschweren Politik die Aufrechterhaltung von Demokratie. Nach dem sie die 5% Klausel zur EP Wahl 2014 gekippt haben und dadurch ermöglichen das Hinz und Kunz ins Parlament kommen können. Nachdem wir nun jahrelang zugesehen haben wie es in diesen viel Parteien-Personen Länderparlamenten zugeht, finde ich es gut, dass Deutschland wenigstens eine 3% Hürde einbauen will!

Ich will und kann mir nicht vorstellen, dass künftig eventuell 17 Parteien und 3 Einzelvertreter die Deutschen Geschicke im Bundestag lenken sollten. So wie man sich hier einig ist, sollte man im übrigen auch mit der Parteienfinanzierung in Deutschland umgehen. Diese sollte an die 5% Hürde gekoppelt sein. Alle an Wahlen teilnehmenden Parteien sollten einen Grundbetrag von 10 Cent pro Stimme bekommen. Erst wenn sie diese Hürde übersprungen haben können sie die derzeit ca.85 Cent pro Stimme beanspruchen. Auch das wäre ein Weg nicht demokratische Parteien im Keim zu ersticken.

Es kann dauerhaft aber nicht sein dass die Richterschaft mehr und mehr politische Entscheidungen in Deutschland trifft!

Die 50zigste Spielzeit der Fußballbundesliga ist zu Ende

Zunächst einmal „frohe Pfingsten" an alle Leser und Leute. Heute will ich einmal die Politik hinten anstellen und mich ein wenig mit dem Fußball beschäftigten. Mit dem Ende dieser Saison steht fest:

Deutscher Meister:

Bayern München, seit einigen Spieltagen

Champions League direkt qualifiziert:

Bayern München, Borussia Dortmund, Bayer Leverkusen

Champions League Qualifikation:

Schalke 04

Europa League:

SC Freiburg, Eintracht Frankfurt

Die Absteiger der Liga sind Fortuna Düsseldorf und Spvgg Greuther Fürth. Überraschend hat es 1899 Hoffenheim in die Relegation gegen den Karlsruher SC geschafft. Wenn aber jemand glaubt in dieser Saison 2012/13 ginge es nur um Sport hat er sich gewaltig getäuscht.

Ausgerechnet der „große Uli Hoeneß" sorgt übergreifend für Verstimmungen. Als er sich selbst als Steuerbetrüger anzeigte und die Aufsichtsratsmitglieder bei Bayern München, entgegen ihrer eigenen Firmengrundsätze, ihn auf diesem Posten beließen. Das war dann schon ein starker politischer Einfluss.

Eine Änderung gäbe es noch, sollte der VfB Stuttgart das Deutsche Pokalderby gegen Bayern München gewinnen. Der Höhepunkt aber das rein deutsche Champions League Finale in England.

Unglaublich wie die ARD die Bundeskanzlerin beim ESC ins Spiel bringt!

ARD-Unterhaltungskoordinator Thomas Schreiber hat unmittelbar nach dem schlechten Abschneiden von „Cascada" beim Eurovision Song Contest eine unglaubliche Vermutung geäußert. Indirekt hat er A. Merkel durch ihr politisches Verhalten für die schlechte Platzierung mitverantwortlich gemacht.

Von einem Mann in dieser Verantwortung erwarte ich einfach mehr Grips. Selbst wenn er jetzt 7 oder 8 Merkel kritische Euroländer im Blick hatte, so verbleiben immer noch gut 30 andere Länder die ihre Stimme abgeben durften. Von denen wir keinen Punkt bekommen haben.

Also ARD, nehmt euch diesen Mann mal zur Brust und vor allem erklärt ihm deutlich, dass bei diesem Wettbewerb politische Meinungsäußerungen fehl am Platze sind. Es wäre auch nicht schlecht wenn eine Entschuldigung folgen würde.

BILD versucht Merkel zu schaden!

Nun haben wir Pfingsten hinter uns und schon geht das Bestreben der BILD, Kanzlerin Merkel zu schaden, weiter. Mit unscheinbarem Bild und zweideutigen Aussagen in BILD online wird deutlich versucht Front gegen die Kanzlerin aufzubauen.

Das wesentlich größere Übel, die erklärten Steuerbelastungen der SPD und Grünen rücken weit in den Hintergrund. Das die GRÜNEN rund 35 Milliarden und die SPD rund 37 Milliarden Euro den Steuerzahlern aus der Tasche ziehen möchten ist für diese Zeitung nicht so wichtig, wie eine im Arbeitsanzug laufende 17jährige Schülerin, welche heute Kanzlerin ist.

Ich persönlich erkenne hier Parallelen zur Wulff-Berichterstattung. Das aber ist kein gutes Zeichen für die Demokratie.

Promillegrenze für Radfahrer!

Heute treffen sich die Innenminister der Länder und haben unter anderem auch die Promille grenze für Radfahrer auf der Tagesordnung. Nicht mehr zeitgemäße 1,6 Promille sollten wirklich abgeschafft werden.

Was aber oft vergessen wird. Die Aufklärung der Bevölkerung, dass auch ein betrunkener Radfahrer, wenn er erwischt wird, seinen PKW-Führerschein abgeben darf. Auf diesen Aspekt muss viel öfter hingewiesen bzw. viel besser aufgeklärt werden. Ich würde auch gar nicht unterscheiden welcher Verkehrsteilnehmer in betrunkenem Zustand mehr Gefährdung verursacht.

Hinweise, dass man angetrunken das Kfz stehen lässt und eher aufs Fahrrad umsteigt, sollten gänzlich unterlassen werden. In beiden Fällen nimmt man am Straßenverkehr teil und kann zur Gefährdung anderer werden.

Ich halte bis zu einem Promille für Radfahrer für vertretbar, obwohl es eine Ungleichheit der Verkehrsteilnehmer beinhaltet.

150 Jahre SPD

Auch wenn es nicht meine Lieblingspartei ist, so gebietet es der demokratische Anstand, den Nachfolgern von Ferdinand Lassalle zu gratulieren. Eine 150jährige Parteipräsenz können nicht viele vorweisen.

So ist es auch gesetzt, dass die Spitzen der anderen Parteien, bis hin zum Bundespräsidenten, beim heutigen Festakt in Leipzig vertreten sein werden. Die Abkehr von der SI (sozialistische Internationale) ist für mich ein gutes Zeichen. Aber im Laufe der Zeit hat sich mein Bild zur SPD erheblich verändert.

Als Nachbar eines prominenten SPD Mitgliedes (Klaus Schütz) fand ich, auch Helmut Schmidt war ein umgänglicher Zeitgenosse. Die SPD war durchaus eine Partei welche auch gewählt werden konnte. Dann aber kam die Zeit um G. Schröder und seinem Busenfreund Fischer. Zusammen mit seinen heutigen Standpunkten, z.B. zu Putin, der Anfeindung vieler Sozialdemokraten gegen die Ansichten von Buschkowski und der Arroganz von Steinbrück hat meine Ansicht entscheidend verändert. So wie man es an meinen Blogs auch sieht!

Oberster Datenschützer schafft zwei Klassen-Gesellschaft!

Nach einem Interview mit der BILD, berichtet auch der FOCUS über die seltsamen Ansichten des obersten Datenschützers Peter Schaar. Er hat Job-Center und Behörden davor gewarnt Empfänger von Hartz IV und Sozialleistungen in den Netzwerken, bei Facebook oder Google nach zu spionieren. Nur in absoluten Ausnahmefällen dürfe so etwas geschehen.

Peter Schaar sagt also, lasst die armen Leistungsbetrüger in Ruhe, hat aber nichts dagegen wenn höchstrichterlich entschieden wird: mit öffentlichem Geld (Steuereinnahmen) dürfen geklaute Datensätze von Steuerbetrügern angekauft werden um die strafbaren Handlungen zu verfolgen.

Was ist das für ein Schwachsinn und was ist mit den bekannt gewordenen Detektiveinsätzen durch die Job-Center und vor allem, wo bleibt die im Grundgesetz eingeforderte Gleichheit für alle, Herr Schaar. Betrug bleibt Betrug, ob es um 100 oder 100.000 Euro geht!

Wowereit sitzt Untersuchungsausschuss aus!

Quälend lange 5 Stunden schaffte es Berlins regierender Bürgermeister Wowereit, dem Untersuchungsausschuss viel zu erzählen aber nichts zu sagen. Der Bürgermeister der Hauptstadt kommt demonstrativ mit einem Beutel voller Unterlagen. Wie zufällig ist der Schriftzug THE ROCK auf diesem Beutel. Ein deutlicher Fingerzeig auf die Veranstaltungen mit weltweiter Beachtung im ehemaligen Flughafen Tempelhof.

Wie zu erwarten war, hat er jegliche Verantwortung für mehrere Verschiebungen der Eröffnung von BER von sich gewiesen. Das einzige was ihn in dieser Angelegenheit auszeichnete war anscheinend blindes Vertrauen in die Arbeit von Schwarz und Kollegen. Ich will damit sagen, dass es den Untersuchern nicht gelungen ist, ein oder mehrere Haare in der Suppe zu finden und sie Wowereit zu präsentieren.

Natürlich darf hier auch nicht übersehen werden, dass Berlin mittlerweile ROT/SCHWARZ regiert wird und dementsprechend human auch die Befragungen der SPD und CDU Mitglieder im Ausschuss verlief.

Ergebnis dieser 5 Stunden Befragung: jeder Baulehrling war mehr Schuld an den Verzögerungen, als der damalige Aufsichtsratsvorsitzende Wowereit.

Alle guten Dinge sind drei!

Endlich, aber nicht unbedingt überzeugend, haben es die Bayern nun geschafft, auf Europas Fußballgipfel zu stehen. Ausgerechnet der Holländer hat es kurz vor der Verlängerung geschafft, den Schwarz/Gelben aus Dortmund den Todesstoß zu versetzten.

Das Foul im Strafraum, durch Dante verursacht, hätte nicht nur zum Ausgleich sondern auch zum Platzverweis für Dante führen müssen, wie schon vorher eine rote Karte für Ribery fällig war. Wer weiß wie es dann ausgegangen wäre? Kein Wenn und Aber, der Sieger ist Bayern, herzlichen Glückwunsch. Eine Notiz noch am Rande, der Händedruck von Kanzlerin Merkel und FCB Präsident Hoeneß zeigt, das Merkel deutlich Sport und Politik trennen kann.

Schleswig-Holstein hat gewählt

CDU als stärkste Kraft im Norden bestätigt. Bei den Kommunalwahlen in Schleswig-Holstein ergab das vorläufige Endergebnis folgenden Stand:

CDU	38,9%	Plus	0,3%
SPD	29,8%	Plus	3,2%
Grüne	13,7%	Plus	3,4%
FDP	5,0%	Min	4,0%

Die Sonderstellung des Südschleswigsche Wählerverband mit 2,9% und die erstmals angetretenen Piraten 1,6%.

Die Regierungsparteien haben nach diesem Ergebnis in den Kommunen zwar deutlich zugelegt, sind aber alles in allem hinter ihren Erwartungen und dem Wahlsiegergebnis von 2012 zurückgeblieben. Durch überzeugende Arbeit, wie Herr Stegner immer sagt, konnten zwar Zuwächse verbucht werden, aber halt nur Stellenweise, nicht Flächendeckend. Bedeutet keine absolute Zustimmung zur Rot/Grün/Noch-was-Verbindung. Nach wie vor bin ich der Meinung, dass der Südschleswigsche Wählerverband mit 2,9% nicht zu einer Regierungsbildung zugelassen werden sollte. Was unerheblich für die Plätze im Landtag ist.

Wenn der Bundestag künftig zur EP Wahl eine 3% Hürde einführen möchte, sollte auch gleich die Stellung des Südschleswigsche Wählerverbandes geklärt werden. Es kann nicht sein auf europäischer Ebene eine 3% Hürde zu fordern und im eigenen Land Ausnahmen zuzulassen!

Die Partei, nicht Steinbrück stellt das Schattenkabinett vor!

Noch durchsichtiger hätte die Nominierung der bisher bekannten Personen nicht ausfallen können. Da wird der Wiesehügel von der Gewerkschaft geholt und soll für Arbeit zuständig sein. Freilich hat er als Gewerkschafter Ahnung, aber als Politiker? Zypries, diesen Namen kennen wir doch, hing irgendwie mit Justiz zusammen soll jetzt die Verbraucher schützen. Tolle Idee! Wer eigentlich ist Gesche Joost? Weiß nicht, soll aber Ministerin werden!

Für den Osten, Vorstandsmitglied Schwesig. Nicht aber in ihrem Fachgebiet Arbeit sondern im Bereich Familie. Der „Verkehrsexperte" Ponold, ach aus Bayern kommt er und ist ganz links angesiedelt, wie seltsam. Für den innenpolitischen Bereich der Oberscharfmacher Oppermann und als Außenminister Steinmeier.

Für die Gesundheit die Lach-Fliege Lauterbach, das soll was geben, nicht eine Stunde als Arzt praktiziert, aber allen anderen sagen wollen wie es geht. Ganz wichtig Machnig, er unter anderem verantwortlich für den Aufbau Ost. Ach, wer ist eigentlich für die Strukturverbesserungen West zuständig?

Zum Schluss aber das wichtigste: die SPD besetzt munter alle Posten und weiß doch genau, ohne die Grünen geht nichts. Was bekommen den Trittin, Roth, Eckard-Göhring und Kühnast ab?

Von wegen die „Reichen" werden immer reicher!

In der jährlichen „Global Wealth" Studie sind die Menschen in Westeuropa reicher geworden. Insgesamt rechnet man mit einem Privatvermögen von ca. 27,7 Billionen Euro. Nach dieser Studie sind allein von 2011 bis 2012 rund 31tausend Deutsche mehr so reich geworden, dass sie eine Million Dollar investieren könnten.

Europaweit gibt es nur in England und der Schweiz mehr Millionäre. Im weltweiten Ranking liegt Deutschland auf Platz 7. Die Opposition versucht uns immer klar zu machen, die Reichen werden noch reicher und die Armen immer ärmer. Dieser Bericht sagt aber, dass mehr Menschen reicher geworden sind nicht nur Reiche. Die ansteigende Zahl der neu-Millionäre belegt das.

Also lasst euch nicht verrückt machen, dieser Bericht zeigt dass man es auch schaffen kann!

JUNI

Der Euro-Arbeitsmarkt ist krank!

Die neuesten Trends und Zahlen der Arbeitslosigkeit in den 17 Euroländern und den 27 Ländern der Eurozone verwirren mich ein wenig. Seit Anfang 2008 steigen die Zahlen bis 2011 kontinuierlich an, dann eine kurze Stagnation bis zum heutigen Höhepunkt von 11% in den Euroländern und gut 12% in der Eurozone.

Das bedeutet ja im Umkehrschluss, es gibt in den Ländern in welchen der Euro als Währung festgeschrieben ist mehr Arbeitslose. Rechnet man die anderen 10 Länder ohne Euro als Währung mit ein, sinkt die Arbeitslosenzahl. Das ist der Punkt der mich ein wenig verwirrt.

Diese Zahlen belegen aber auch ganz deutlich wie wichtig ein funktionierender Mittelstand z.B. für die Arbeitslosen unter den Jugendlichen ist. Dort werden die meisten Lehrstellen geschaffen. Dank unserer Regierung und der absoluten Pflege des Mittelstandes haben wir mit Österreich zusammen die niedrigsten Arbeitslosenzahlen in der Eurozone. Neben einem erfolgreich durchgeführten Sparprogramm, auch durch Lohnverzicht, haben wir heute einen Stand erreicht um den uns Europa beneidet. Ich kann allen betroffenen Ländern nur raten, schaut euch unser Arbeitsmarktkonzept an und lernt daraus, dann finden wir alle auch wieder den richtigen Weg!

BER sorgt erneut für Unmut!

Erst seit wenigen Monaten ist Mehdorn im Amt und schon soll alles anders sein, schneller gehen, und besser funktionieren. Die neuesten Vermutungen, Mehdorn kann nicht mit Amann und will ihn daher los werden. Lieber H. Mehdorn wer sind Sie eigentlich das Sie sich permanent anmaßen der bessere Politiker, der bessere Techniker, der bessere Chef überhaupt zu sein?

Da wo Sie bisher gewirkt haben, ist von Nachhaltigkeit und überzeugender Arbeit nicht viel übrig geblieben. Sie stürmen gegen alles und jeden an, Sie kommen täglich mit neuen Lösungsmodellen, fragen aber nicht nach den Kosten. Glauben Sie denn ernsthaft, man braucht an diesem Flughafen einen noch größeren Steuergeldverbrenner als die genossen Wowereit und Platzeck!

Es wäre für uns alle schön, wenn Sie ihre Aufgabe mit Respekt und Vernunft angehen würden und nicht dauernd versuchen würden ihre Vorstandsmitgliedern und Aufsichtsräte mit Überraschungen zu attackieren. Diese Stadt und ihre Reputation in der Welt hat absolute Seriosität verdient, das sollten Sie nie aus den Augen verlieren.

Zur angeblichen Krise kommt reales Wasser!

Die von der Opposition verbreitete politische Krise wird im Moment von zu viel realem Wasser aus allen Richtungen verdrängt. In Sachsen, Thüringen und Bayern überlegt man die Bundeswehr zur Unterstützung anzufordern.

Das ist eine grundlegend richtige Entscheidung, kommt aber für mich viel zu spät. In dem Moment wo ein Landkreis oder eine Region offiziell Katastrophenalarm auslöst muss die Bundeswehr bereits unterwegs sein. Im Zusammenspiel aller relevanten Dienststellen und Institute, wie zum Beispiel Behörden und Wetterämter, muss dann innerhalb kürzester Zeit der Marschbefehl bei der Bundeswehr erteilt werden. Die rechtlichen Bedenken, die BW innerhalb Deutschlands ein zu setzen dürften hier nicht gegeben sein. Dieser Einsatz wäre eine reine humanitäre Veranstaltung.

Warum also müssen die Hilfskräfte vor Ort bis zur totalen Erschöpfung ackern. Am Ende ist damit keinem geholfen. Also Regierung, macht doch einfach mal folgendes: Lasst effektive und schnell umsetzbare Katastrophenhilfspläne für die BW erstellen. Vor allem aber lasst die Verantwortlichen der BW in der Region entscheiden. Dann sind kurze Wege programmiert und die Hilfe kann schneller einsetzen!

Hallo, SPD Obernörgler Oppermann!

Diese Worte richten sich an den politischen Oberaufwiegler T. Oppermann von der SPD. Nach einem Bericht der SZ sehen Sie dunkle Wolken über dem Verteidigungsminister aufziehen und sagen ihm voraus, dieses Amt bis zur Bundestagswahl im September nicht mehr auszufüllen. Das Drohnen-Projekt Euro Hawk ist doch über die SPD angeschoben worden, oder?

Sie begründen das mit einem Fall von Geldverschwendung in unheimlichen Dimensionen, von mehreren hundert Millionen Euro ist die Rede. Haben Sie ihre Parteifreunde Wowereit und Platzeck aus den Augen verloren oder messen Sie hier mit zweierlei Maß? Denn im Fall von BER reden wir nicht über Millionen, dort hat es bereits Milliarden erreicht.

Natürlich sollten wir aber nicht die kleinen Feinheiten des Unterschiedes vergessen. Im Fall von de Maizière geht es zu großen Teilen auch um die Umstrukturierung und Sicherheit der Bundeswehr. Im Fall der beiden Platzhirsche Wowereit und Platzeck geht es um einem Hauptstadtflughafen, welcher am Ende teurer wird als Euro Hawk, Stuttgart 21 und Elbphilharmonie zusammen, oder haben Sie das vergessen Herr Oppermann?

Hallo, Herr Kanzlerkandidat Steinbrück!

Es ist schon sehr richtig, wenn Sie sagen, Deutschland braucht keine Drohnen. Nur scheint mir haben Sie vergessen, dass Deutschland die Bundeswehr umstrukturiert hat. Die Anschaffung der Drohnen aber ist wichtig um unseren Soldaten im Ausland bei Kriegseinsätzen den bestmöglichen Schutz zu gewähren.

Dieses rumgeeire um Friedenspolitik und „kommt mit mir als Kanzlerkandidat nicht in Frage", deckt deutlich auf, hier ist Wahlkampfgetöse der Motivator und nicht die Sicherheit unserer Bundeswehrangehörigen. Bei den Auslandseinsätzen, zu denen übrigens Ihre Partei zugestimmt hat, sollten wir auch davon ausgehen, eine optimale Ausrüstung für die Soldaten bereit zu stellen. Dazu sind Sie offensichtlich nicht bereit und damit auch nicht als Kanzler Deutschlands tragbar!

Wenn sparen so leicht ist, warum ist Berlin dann so arm?

Bevor ich auf diese komische Rechnungsart des Berliner Finanzsenators Nußbaum eingehe, einen Satz zur Überschwemmung in Deutschland.

Liebe Betroffene, ich wünsche Euch für die Zukunft viel Mut, Hoffnung und Zuversicht, vor allem aber „SINKENDE PEGELSTÄNDE" und viel Unterstützung.

So, nun zu Berlin. Der Zensus (Volkszählung) ergab, Berlin hat rund 5% weniger Einwohner als für den Länderfinanzausgleich angenommen wurde. Daraus resultiert nun ein Rückzahlungspflicht von einer knappen Milliarde Euro. Seit Jahren stöhnt der Senat Berlin habe kein Geld und der Spruch des Regierenden Wowereit „Berlin ist arm aber sexy" machte die Runde. Dies alles toppt der Finanzsenator und rechnet im Juni 2013 vor, wie er in 2015 dennoch einen ausgeglichenen Haushalt vorlegen will. Hat diese Stadt, haben diese Politiker nichts durch BER dazu gelernt. Ich glaube, es gibt wieder einmal vollmundige Worte denen dann nur noch beschämendes Stückwerk als Taten folgen werden.

Mit dieser gezeigten Verhaltensweise Berlins kann, so glaube ich, wohl jeder nachvollziehen, warum die Geberländer nun eine Klage anstreben!

Ehegattensplitting und der Schutz der Richter.

In einem Artikel von H. Prantel in der SZ bezeichnet er die Gerichte als Schutzmacht der Schwulen und Lesben. Da, wie er schon richtig feststellt, die Politik hinter her hängt, müssen hier die Gerichte für die Umsetzung des Grundgesetzes sorgen.

Ich selbst habe in meinem Bekanntenkreis einige Lesben und Schwule und weiß nicht besser, wie Prantel, dass es Leute wie du und ich sind. Das bedeutet natürlich auch gleiche Rechte für alle. Aber mit einem Punkt habe ich so meine Schwierigkeiten. Unser gesamtes System ist auf Familie, für mich der Inbegriff des Kinderkriegens, ausgelegt. Das ist das einzige was diesen Paaren auf natürlichen Wegen verwehrt bleibt. Daher sehe ich auch keine Ungleichstellung, wenn Paare vom Ehegattensplitting bevorteilt werden die Kinder haben. Ich meine, eine Gleichstellung ist dann erreicht, wenn alle Paare ohne Kinder keinen Vorteil haben und alle Paare mit Kinder den Steuervorteil haben können. Gleichzeitig sehe ich diesen geringen Steuervorteil auch als Motivation für junge Paare, früher an die Familienplanung zu denken!

Die Sonntagsfrage, eine politische Stimmungslage

Heute, gut drei Monate vor der Bundestagswahl, ist die politische Stimmungslage eigentlich wie erwartet. Aufgestellt und ausgewertet im Zeitraum vom 15. Mai bis 6. Juni. Die Prognose der einzelnen genannten Institute wie folgt

GMS:

Piraten 3%, FDP 4%, Linke 7%, Grüne 14%, SPD 25 %, CDU 40%

TNS Emnid:

Piraten 4%, FDP 5%, Linke 7%, Grüne 14%, SPD 26%, CDU 40%

Allensbach:

Piraten 2% FDP 6%, Linke 6%, Grüne 13%, SPD 27%, CDU 39%

Infratest Di:

Piraten 2%, FDP 4%, Linke 6%, Grüne 14%, SPD 27%, CDU 41%

Forsa:

Piraten 3%, FDP 4%, Linke 8%, Grüne 13%, SPD 24%, CDU 41%

Forschgr.Wahl:

Piraten 0%, FDP 4%, Linke 6%, Grüne 13%, SPD 29%, CDU 41%

Die FDP, die hier immer hart an der 5% Marke liegt, wird wohl den Ausschlag geben. Kommt sie in den Bundestag ist Rot/Grün chancenlos. Abgesehen davon finde ich es sowieso komisch, dass eine Partei die konstant mindestens 10% weniger Stimmanteile sammelt, als die in den Umfragen führende, einen so gewaltigen Führungsanspruch erhebt.

Am 23. September werden wir sehen in wie weit diese Umfragen der Tatsache gerecht werden!

Heute nichts Neues an der Politikfront!

Neben den alltäglichen Politikspielchen nichts Neues an dieser Front. Verteidigungsminister unter Dauerdruck, Kanzlerin unter Dauerbeschuss, Opposition wie immer die Guten, von den Linken spricht im Moment gar keiner und die „Neuen", die AfD mit russischem Vorstandsmitglied ohne ausreichende Deutschkenntnisse und dem Vorsitzenden unbekannter Telefonnummer.

Viel Neues jedoch im Hochwasserbereich, wo es um viele Existenzen geht. Im Moment steht Magdeburg im Focus. Man kann allen Betroffenen nur wünschen viel Hilfe in allen Bereichen zu bekommen. Im Gegensatz zu vielen Medien denke ich an eine Gesamt-Schadenshöhe im Milliardenbereich. Hoffen wir alle, dass diese Zeit bald zu Ende geht und Kachelmann nicht recht behält, indem er weiteren heftigen Regen Anfang der Woche nicht ausschließt.

Pkw-Maut, ein durchaus vertretbarer Gedanke!

Horst Seehofer, ein streitbarer Bayer. Aber wo er recht hat er recht. In vielen Ländern Europas kommst du plötzlich mit dem Pkw an Mautstellen und musst bezahlen wenn du weiterhin auf dieser Straße fahren möchtest.

Dabei für mich unerheblich ob ein privater Investor sagt: benutzt du die von mir gebaute Straße musst du eine Maut bezahlen damit ich weiterhin für den ordnungsgemäßen Zustand sorgen kann oder ob der Staat, als Erbauer der Straße, das gleiche sagt. In beiden Fällen verursacht so eine Straße Folgekosten. Gut bei den Deutschen Autofahrern kann und muss man sagen, dieser Kostenbeitrag ist durch die Kfz-Steuer beglichen. Aber welchen Beitrag leisten all die ausländischen Nutzer unserer Straßen - KEINEN -

Das will der CSU Vorsitzende ändern, warum nicht?

Gibt es jetzt einen SPD Bundestagswahlkampf a la BILD?

Das war schon eine Riesenüberraschung, gestern in Berlin. Ein ehemaliger BILD Hauptstadt-Redakteur und jetziger Lobbyist einer Wohnungsbaugesellschaft R. Kleine ist Steinbrücks neuer Pressesprecher. Nach dem es verschiedene Unstimmigkeiten mit Donnermeyer gab, musste er gehen! Wenn sie nur mal andere Fehler machende Kollegen (Wowereit / Platzeck) genau so schnell abschießen würden.

Ich bin mal gespannt Herr Steinbrück, wie ihr Wahlkampf nun journalistisch begleitet wird. In den Hintergrund rückte die Vorstellung der drei letzten Mitglieder in ihrem Kompetenzteam. Dieses sogenannte Schattenkabinett ist sowieso eine Volksverdummung und sollte bei einer Partei mit unter 30% aus dem Wörterbuch gestrichen werden. Womit eigentlich wirbt die Hälfte dieses Teams nach der Wahl, denn entweder sie haben kein Bundestagsmandat oder sie werden durch Politiker der Grünen ersetzt. So sind die Fakten Herr Kanzlerkandidat!

Immer öfter führen Grüne und SPD Wahlkampf vor Gericht!

Meine Meinung zu diesen beiden Parteien wird täglich aufs neue bestätigt. Die Grünen verklagen den CSU Generalsekretär Dobrindt auf Unterlassung, seine Darstellung zu den Steuerplänen und dem Ehegattensplitting der Grünen sei falsch. Der Erfolg, sie verlieren vor Gericht. Für mich sind das deutliche Anzeichen politischer Schwäche. Weiß ich nicht weiter gehe ich vor Gericht oder versuche, wie im Falle der SPD, in den Sommerferien einen Untersuchungsausschuss zur Drohnen-Affäre um de Maizieré ins Leben zu rufen.

Freilich haben dieses Instrument schon früher auch die Regierungsparteien genutzt. Immer wieder aber endete es als „Wahlkampfgetöse". So ist auch die Antwort der Koalition, die in diesem Falle Steinbrück als damaligen Finanzminister und viele andere aus dem Rot/Grünen Lager vorladen möchte, zu verstehen. Die jüngsten Umfragen im Stern zeigen zwar den Verlust eines Punktes bei der CDU, aber insgesamt reichen die Werte von Rot/Grün noch nicht einmal zusammen um die CDU zu gefährden!

Anstatt sich hier aufzureiben liebe Opposition, erwarte ich eigentlich deutliche Worte in Richtung Russland. Die haben jetzt beschlossen, dass Gespräche über Homosexualität im Beisein von Kindern unter Strafe gestellt wird. Gleichwohl die gesamte Homosexualität verdammt und davon ableitende Menschenrechte mit Füssen getreten werden.

Fernsehtag der Kandidaten zur Wahl!

Nun also ist es entschieden. Am 1. September werden die Kanzlerin A. Merkel und ihr Herausforderer P. Steinbrück im TV Rede und Antwort stehen. Neu bei dieser Geschichte sind zwei Moderatoren, die man nicht unbedingt auf der Liste hatte. Zum einen wird die ARD Anne Will ins Rennen schicken und die SAT1/Pro7 Gruppe den Entertainer S. Raab.

Auf seinen ersten Auftritt als Polittalker darf man sehr gespannt sein. Ich hoffe nur, dieser Meinungsaustausch verkommt nicht zu einer Werbesendung für spezielle „Duschköpfe"!

Aus dem Eiscafe Bernadini, vom Strand in Cala Millor auf Mallorca erreichen euch heute meine Worte.

Assad überschreitet in Syrien „internationale Ächtungslinie"

Der Einsatz von Chemiewaffen in Syrien durch den dortigen Machthaber Assad, scheint bewiesen. Nun ist es an den Vertretern der Weltbevölkerung den Angaben des US-Präsidenten Obama Glauben zu schenken, oder nicht.

Sollte dieser Chemiewaffeneinsatz bestätigt werden, muss sich auch

Putin gegen Assad aussprechen. Hier sehe ich aber riesige Probleme. Da Entscheidungen mit solch gewaltiger Wirkung einstimmig getroffen werden müssen. Ein erneuter Alleingang der Amerikaner ist keinesfalls zu empfehlen. Andererseits ist „Weltfrieden" ein hohes Gut! Egal wie in den höchsten Kreisen entschieden wird, im Vordergrund sollte immer die Unversehrtheit des Menschen stehen!

Diesen Grundsatz aber tritt Assad seit Jahren mit Füßen und muss sich nicht wundern, wenn eines Tages auch Putin ihm die kalte Schulter zeigt

BILD und die 99Tage Vorwahlprognose!.

BILD sagt voraus, nach der Bundestagswahl in 99 Tagen bleibt Merkel Kanzlerin, allerdings mit einem Vizekanzler aus der SPD. Die Zeitung geht davon aus, AfD und Piraten schaffen den Sprung in den Bundestag nicht. Linke und FDP werden vertreten sein, weil speziell die Wählerschaft der FDP geschlossen stimmt wenn es um alles geht, sprich die 5% Hürde zu nehmen.

Da aber nach ihrer Meinung die CDU soviel einbüßt, dass es nicht mehr mit der FDP zur Mehrheit reicht und Rot/Grün diese selbst auch nicht erreichen kann aber kategorisch und glaubhaft eine Zusammenarbeit mit der Linken ausschließen, wird es zur großen

Koalition kommen. Ich wage das noch zu bezweifeln. Auch wenn sie den SPD Kanzlerkandidaten Steinbrück frühzeitig genannt haben.

Ich glaube ganz einfach, an der jetzigen Regierungsform wird sich nichts ändern!

Ein um Fassung ringender P. Steinbrück

Die TV-Medienanstalten zeigten Bilder eines SPD Parteitages, berichteten von Unstimmigkeiten zwischen dem Kanzlerkandidaten und dem Parteivorsitzenden. Eine Parteigeneralin welche anscheinend keine Worte fand und letztlich, bei einer kleinen Diskussionsrunde mit Frau Steinbrück, ihren Mann der deutlich sichtbar keinen Ton herausbrachte und den Tränen nahe um Fassung rang.

Sehr geehrter Herr Kleine, ihre Zeit bei der BILD ist vorüber, was sollte die Freigabe dieser Bilder dem Wähler zeigen? Auch Steinbrück ist nur ein Mensch, dass kann man anders!

Heute „Obama" in Berlin

Nachdem ganz Berlin in eine Art von Schockstarre versetzt wurde, lange bevor Präsident Obama im abgesperrten Teil vom Flughafen Tegel (ein Glück das es ihn noch gibt), am Abend gut 1,5 Stunden nach der Kanzlerin landete. Wie bei all diesen Besuchen von hohen

Staatsämtern in Berlin herrschte die höchste Sicherheitsstufe. Bei Obama noch ein bisschen höher.

Die Vorbereitungen für seine Rede am nächsten Tag vor dem Brandenburger Tor liefen in vollen Zügen. Ein Podest mit schusssicheren durchsichtigen Wänden. Hier hielten sich dann der Präsident, die Kanzlerin und Berlins Regierender während der Rede von Obama auf.

Eine durchaus sachliche Rede, die nicht versuchte den Vorgängern Kennedy und Reagen den Anspruch der Einmaligkeit ihrer Reden zu nehmen. Vielmehr rief er gezielt Putin auf mit den USA an einer gut 25% reduzierten Atomwaffenstrategie erfolgreich mitzuarbeiten. Gleichzeitig betonte er aber auch, trotz der Reduzierung immer noch der helfende Freund westlicher Demokratien sein zu können. An diesem Status würde sich nichts ändern.

Bei gut 35 Grad und purem Sonnenschein absolvierte das Präsidentenpaar einen geteilten Arbeitstag. Die Firstlady mit ihren Töchtern auf Bildungsreise in Berlin und erst am Abend zum gemeinsamen Abendessen traf man sich wieder. Anwesend das gesamte Kabinett, alle Partei und Fraktionsvorsitzenden, sowie weitere geladene Gäste. Darunter z.B. auch der deutsche Basketballer Nowitzki. Obamas Töchter, so sagt man, waren schlicht und einfach, im Kino.

Danach ging´s für den Präsidenten und Anhang direkt zum Flughafen. Berlin hatte eine der höchsten Sicherheitsstandards unbeschadet überstanden!

Merkels und Putins Freundschaft stark unterkühlt!

Bei einem Besuch der Bundeskanzlerin in St. Petersburg kam es beinahe zu einem politischen Eklat. Die Kanzlerin sollte mit Putin eine Ausstellung über sowjetische Beutekunst eröffnen.

Putin erklärte im Vorfeld dieser Veranstaltung, Frau Merkel bräuchte erst gar keine Ansprüche an die Rückgabe der Kunstgegenstände stellen. Russland würde sie nicht herausgeben. Als diese Bemerkung des Kremlchefs die Bundeskanzlerin erreichte, sagte sie kurzer Hand die Eröffnung und Teilnahme an der Ausstellung ab. Hochachtung vor dieser politischen Entscheidung.

Erst nach intensiven Gesprächen zwischen den beiden wurde die Veranstaltung von Ihnen eröffnet. Übrig bleibt eine stark unterkühlte Umgangsform der beiden Regierungschefs, zumal die Kanzlerin auch Libyen und die neuen Gesetze in Russland ansprach.

Bombenalarm am BER!

Wie die Berliner Abendschau gestern berichtete, kam es am BER zu einem Zwischenfall mit dem so niemand gerechnet hätte. Bombenalarm. Von Polizisten wurde ein herrenloser Rucksack aufgefunden.

Nach eingehender Prüfung stellte man den Inhalt fest. Sogenannte Polenböller waren zu einer größeren Sprengkraft mit Tape zusammengebunden worden. Später meldete sich auch der Besitzer des Rucksacks bei der Polizei und gab an, ein Mitarbeiter einer Fremdfirma zu sein und den Rucksack einfach vergessen zu haben. Weitere Ermittlungen folgen nun.

Wahlprogramm der CDU umstritten!

Da herrscht seit einiger Zeit Friede, Freude Eierkuchen zwischen den Schwesterparteien CDU und CSU. Selbst Seehofer bezeichnet das Wahlprogramm als ausgewogen und steht öffentlich und stark hinter A. Merkel. Ein Bild das es so nicht immer gab. In diesem Programm vereint:

Mietpreisbindung, eine bestimmte Art von Mindestlohn, Heraufsetzung der Rentenpunkte für ältere Mütter und Angela Merkel, Angela Merkel.....

Das alles soll ohne Steuererhöhung bei einem nach wie vor ausgeglichenen Haushalt ohne Neuverschuldung umgesetzt werden. Das ruft Kritiker in den eigenen Reihen hervor und vor allen Dingen die FDP. Deren Chef Rösler betonte, dass diese Programme ohne genaueste Gegenrechnung und vor allem dann, nicht umgesetzt werden könne, wenn es den Bürger weiter belastete. Das sei bei einer Koalitionsneuauflage, die ja durchaus gewünscht ist, mit der FDP nicht zu machen! Was ich nicht ganz verstehe, jeder spricht über Rentenarmut aber keiner tut was.

Da will die CDU nun die älteren Mütter in der Rente der Berechnung der heutigen Mütter gleichstellen und alle stinken dagegen an, warum?

BER Chef Mehdorn fängt an zu spinnen!

Da lässt dieser Mann doch tatsächlich und allen ernstes verkünden, den nördlichen Teil des neuen Flughafens noch in diesem Jahr zu einer Teileröffnung zu bringen. Mit folgender abenteuerlichen Begründung: mit 6-8 Maschinen täglich und ca. 1500 Passagieren könne man am besten einen Probebetrieb anlaufen lassen. So könne man alle relevanten Vorschriften auch im Sicherheitsbereich testen und den Leuten klarmachen, dass so ein Flughafen wie eine Zahnpastatube funktioniert. Man muss hinten drücken wenn vorne was raus kommen soll.

Sehr geehrter Herr Mehdorn, wenn ich für das erzählen von so viel Scheiß wie Sie es tun, so viel Geld kassieren würde, müsste ich mir einen Tresor wie „Dagobert Duck" bauen.

Diese Anzahl von Flugzeugen die Sie über den Tag testen wollen, starten in Tegel innerhalb von 15 Minuten. Das bedeutet, Sie können sich die Testphase sparen wenn Sie genau in Tegel hinsehen. Ich glaube auch, Sie haben vergessen, dass „Ihr" Flughafen für jährlich 27 Millionen Passagiere schon jetzt zu klein geraten ist. Daran sollten sie intensiv arbeiten. Damit haben sie genug zu tun!

Untersuchungsausschuss um die Drohnen!

Völlig unnütz und völlig überteuert hat die Opposition einen Untersuchungsausschuss gegen den Bundesverteidigungsminister im Bereich der Parlamentsferien, aber auf jeden Fall noch vor den Wahlen platziert. Es nicht mit anzuhören, wie Oppermann über die unnützen Ausgaben von de Maizière in der Drohnenfrage lamentiert, gleichzeitig aber in Kauf nimmt, dass etliche Abgeordnete mehrmals aus dem Urlaub geholt werden müssen und alles zahlt der Steuerzahler, kein Wort davon! Kein Wort über die SPD Steuerverschwendung in Berlin und Hamburg, passt nicht in den Wahlkampf, ist aber die bittere

Wahrheit liebe SPD. Bevor ihr alle und jeden Anklagt und alles anzweifelt, fasst euch mal an die eigene Nase, das wäre sehr sinnvoll!

Mit Friedrich der 2. Minister im Fadenkreuz!

Nach dem Bundesverteidigungsminister nun auch der Innenminister im Fadenkreuz der Opposition. Oppermann und Konsorten tun so, als wäre ein nichtsahnender Innenmister erst über die Presse von den Ausspitzelungen und Abhörungen durch den Amerikanischen und Britischen Geheimdienst informiert worden.

Als wenn das nicht auch schon während der Mitregierung der SPD der Fall gewesen wäre. Da hat es aber keiner an die große Glocke gehängt. Warum auch, die SPD hat ja mitregiert! Jetzt will man unbedingt das Regierungszepter schwenken, auch wenn die Grünen da ein gehöriges Wörtchen mitreden werden! Egal, da ist uns jedes Mittel recht.

Wahlkampf à la BILD schon eingetreten!

Um nicht aus den Schlagzeilen zu geraten ist der SPD jedes Mittel recht. Da erkrankt einer ihrer Führungskräfte, Ministerpräsident Platzeck, an einem leichten Schlaganfall und muss ins Krankenhaus. Zwei Tage bevor er seinen Dienst wieder antritt wird eine völlig unsinnige Meldung in den Medien lanciert. Die Partei denke darüber nach Platzeck gegen Steinmeier auszutauschen. Völliger Schwachsinn, aber medienwirksam zum Wahlkampf initiiert!

Gestern bei M. Illner im ZDF!

Eine seltsame Gästerunde diskutiert die „Wahlgeschenke" der Kanzlerin. Da sitzen der SPD Vorsitzende Gabriel, ein SPD Mitglied der für die Jugend der Zukunft kämpft. Dazu kommt ein Journalist und Buchautor, sehr der SPD zugetan, ein Unternehmer der viel zu wenig dazu kommt die Steuererhöhungsarie der SPD genauso zu verdammen wie einige Punkte des Wahlprogramms der CDU und schließlich J. Klöckner stellv. CDU Vorsitzende. Interessant die Meinung von zwei jungen Erstwählern.

Diese Runde diskutiert also über die nicht bezahlbaren „Wahlgeschenke" der CDU reduziert dieses aber ausschließlich auf die Kanzlerin. Darunter ein Punkt welcher mich fürchterlich in Rage bringt. Mütter die vor 1992 Kinder bekommen haben, sollen den Müttern in der Rente gleichgestellt werden, die heute Kinder bekommen. Die Kinder dieser benachteiligten Mütter sind die, die heute mit ihrer Leistung alles am laufen halten.

Da jubeln die SPD und die Grünen über Gerichtsurteile zum Ehegattensplitting, die entschieden haben diese Paare der normalen

Ehe gleich zu stellen. Kostet viel Geld und wird der CDU als Versagen angelastet, weil erst ein Urteil fallen musste. Jetzt geht die Politik voran und wird genauso von der Opposition und den Medien gescholten! Da spricht der Jugendvertreter lapidar von 1 bis 2 Rentenpunkte, ich glaube nicht das er weiß, was diese beiden Punkte für eine Rentnerin mit ca. 500 Euro Rente im Monat bedeuten. Viel Geld! Aber noch trauriger, weder Klöckner noch Gabriel sind auf diesen Lapsus eingestiegen.

Alles in allem konnte man die Sendung als Wahlpropaganda für die SPD verstehen, die Wahlversprechen der Opposition, speziell der SPD wurden nur am Rande angesprochen.

Die Parlamentspause ist eingeläutet

Mit vielen Beschlüssen gingen die Parlamentarier in die Sommerferien. Eines jedoch ist mir wieder einmal besonders aufgefallen. Mit den Stimmen der Koalition, der SPD und den Grünen, wurde das Gesetz zur Suche eines atomaren Lagers beschlossen.

Der SPD Vorsitzende Sigmar Gabriel wurde nach der Sitzung auf den Gängen des Reichstag dazu befragt. Seine Antwort: wenn Frau Merkel das genauso behandelt wie all die anderen Dinge, dann wird daraus nichts. Da frage ich mich doch, warum die beiden großen

Oppositionsparteien da überhaupt zugestimmt haben?

Um fair zu bleiben muss man ja feststellen, das Parlament macht Pause, aber wer ihm im nächsten Jahr auch wieder angehören möchte hat einen harten Wahlkampf vor sich.

Allen Politikern zu diesem Engagement viel Spaß, bei aller Ernsthaftigkeit!

Mit dieser Pause werde ich mich zunächst aus dem öffentlichen Bereich, sprich der Platzierung eines täglichen Blogs auf eigener Seite im Internet verabschieden. Gegen ende Juni wurde mein Blog aller Wahrscheinlichkeit nach böswillig gehackt und ich habe bis heute nicht die Möglichkeit weitere Blogs auf meiner Seite zu veröffentlichen.

Alles bis zu diesem Punkt wurde veröffentlicht. Das weitere Geschehen werde ich ab Mitte August wieder dokumentieren um mein Buchprojekt zum Jahresende nicht zu gefährden. Vor allen Dingen auch die heiße Wahlkampfphase mit gewohnt bissiger Aussage begleiten!

Bedeutende Ereignisse bringen mich dazu meine Pause zu unterbrechen. Der so nur zu Wahlzwecken hochgespielte NSA Abhörskandal nimmt bizarre formen an. Zum einen spielt sich die Opposition auf wie das HB Männchen seinerzeit und tut so als ob in ihrer Regierungszeit so etwas nicht vorgekommen sei. Völlig Beiseite gestellt wie die hochsensible Weiterentwicklung des Internet. Ebenfalls zur Seite gekehrt werden die Erfolge dieser Überwachung und mit in Deutschland 5 verhinderten Anschlägen sicherlich Menschenleben gerettet. Fest steht dass diese Maßnahmen aber keinen Menschen an Leib oder Leben gefährdet hat.

Ein völlig überforderter Innenminister Schily aber muss sich gefallen lassen, dass auch durch seine extrem fehlerhafte Einschätzung die NSU weitere Untaten vollbringen konnte. Das aber wollen die Leute um Gabriel, Nahles, Steinmeier, Steinbrück, Trittin, Kühnast und Ströbele nicht wahrhaben.

Ein weiterer Punkt bringt mich auf die Palme. Gerade in diesen Tagen tritt Bushido einen neuen Krieg los. Soll er machen was er will, aber mit diesen Ausdrücken von Morden und Töten gegen verschiedene Menschengruppen gehört er vom Markt genommen. Viel schlimmer aber noch, dass sich die Vergabejury zum BAMBI noch nicht gemeldet hat. Es ist schlichtweg unmöglich so einem Menschen ein Bambi wegen seiner Erfolge zur Integration zu verleihen. Ich hoffe sehr, dass diese Entscheidung endlich öffentlich revidiert wird.

Zum x-ten mal der Berliner Flughafen BBI

Es ist Ende Juli 2013 und das Absehbare tritt ein!

Wie wirkt sich der Rücktritt von Brandenburgs Ministerpräsident M. Platzeck auf den BBI aus? Ich fürchte, dass nun der verrückte Mehdorn versuchen wird weiter seine Wahnsinnsvorstellungen zu realisieren. Hoffentlich ist der Berliner OB Wowereit in der Lage das zu verhindern.

Hoffentlich sind Aufsichtsrat und Vorstand des BBI so flexibel und stellen schnellstmöglich eine neue Führungsmannschaft zusammen. Sonst sehe ich für die blamable „nicht Erfolgsgeschichte" des Flughafens sehr, sehr schwarz. Soll bedeuten, Eröffnung irgendwo zwischen 2015 und 2020!

Der 31. Juli

Es ist wieder einmal typisch, wenn die Kanzlerin 14 Tage in Urlaub geht fragen die meisten - und wer bezahlt den Hubschrauberflug -. Liebe Leute lasst euch sagen, eine Frau die im normalen Arbeitsleben eine 100 Stunden Woche hat, die nicht nach Überstundenprozenten, nicht nach Nachtdienstzulagen, nicht nach Lohnerhöhung und schon gar nicht nach mehr Urlaub fragen, bzw. dafür Streiken darf, der Frau sei auch ein Hubschrauberflug auf Kosten der Allgemeinheit gegönnt.

Oder?

Gesehen in der BILD von heute.

AUGUST

So beginnt der August

Hallo liebe Freunde, heute erspare ich Euch mal wieder den Blick in die politischen Medien. Der grüne Spitzenkandidat J. Trittin landete in der Werra. Bei einem Wahlkampftermin in Niedersachsen kenterte sein Boot und er ging baden. Ob man daraus nun Gemeinsamkeiten zu der Wasserung des ehemaligen CDU Ministerpräsidenten McAllister und der anschließend verlorenen Wahl ziehen kann, bleibt dem Beobachter überlassen.

Eine große Berliner Zeitung erklärt vorab was die Kanzlerin morgen, 64 Tage vor der Wahl, resümieren wird. Erstaunlicher Weise überwiegt das Positive, die bald abgelaufene Regierungszeit.

Plagiatsvorwurf gegen den Bundestagspräsidenten.
Schon wieder ein Mitglied der CDU, so langsam frage ich mich ob die anderen Parteien neben FDP und CDU keine Doktoren haben. Es wird der Anschein erweckt, die promovierten von SPD, Grünen und

Linken seien die Saubermänner der Nation. Darüber möchte jeder selbst entscheiden.

Achtung Uli Hoeneß, kann ich da nur sagen. In Italien ist offensichtlich und völlig zu recht der Promibonus gefallen. Berlusconi ist zu 4 Jahren Haft verurteilt worden, wegen Steuerbetruges.

Es wäre gut, wenn der von der BILD als „Richter Gnadenlos" bezeichnete Richter im Fall Hoeneß sich daran orientieren würde!

Die ewige Rentendiskussion

Hallo, einen wunderschönen guten Morgen allen Ost-Rentnern. Wie ich gerade gelesen habe geht es Euch gut, das freut mich. Darum solltet ihr endlich aufhören allen Leuten vorzujammern ihr hättet kein Geld. Die West-Rentner sind viel beschissener dran. Habt ihr das schon einmal überlegt?

Die Grundlage dieser Neid-Diskussion lässt sich aber nicht vom Tisch wischen. Durch die komischen Vereinigungs-Regelungen kommt es dazu, dass der West-Rentner Jahrzehnte in das System eingezahlt hat und am Ende weniger bekommt wie all jene, die über einen langen Zeitraum gar nicht eingezahlt haben.

Das zu ändern sollte Ihre Hauptaufgabe in der Zukunft sein, Frau Merkel. Mit Unterstützung der Opposition, hoffe ich doch sehr!

Unbedachte Äußerung des DFB Präsidenten Niersbach

Sehr geehrter DFB Präsident Nießbach

Ihre Freundschaft zu U. Hoeneß in allen Ehren, was der Focus aber veröffentlicht kann und darf nicht die Meinung eines DFB Präsidenten sein. Man stelle sich vor, in Ihrem Hause würde ein Abteilungsleiter unter dem selben Verdacht wie Hoeneß stehen. Er wäre schneller weg als man bis 3 zählen könnte.

Es ist diese Doppelmoral die uns immer wieder an solchen Äußerungen einholt.

Es steht ihnen völlig frei aus freundschaftlicher Verbundenheit zu U. Hoeneß zu stehen, Ihr Amt aber verbietet Ihnen Äußerungen dieser Art. Ich würde mich im Namen des Sports und vor allem im Namen des Fußballs sehr freuen, wenn Sie diese Meinung korrigieren würden!

Mit solchen Spinnereien beginnen die Grünen den Wahlkampf!

Hallo liebe Freunde, habt ihr gelesen? Nicht Fleisch essen wann ihr wollt, sondern so essen wie die Grünen es wollen.

Bisher glaubte ich nur die SPD würde dann und wann spinnen, nach diesen neuesten Meldungen aber stelle ich fest sie werden von den Grünen noch übertroffen. Zum Beginn der heißen Wahlkampfperiode kommen die Grünen daher und wollen, dass in Kantinen einmal wöchentlich ein Veganer Tag eingeführt wird. Nicht etwa der Kantinenpächter kann seinen Speiseplan bestimmen, nein nein, das wollen die Grünen.

Diese Partei versucht den Bundesbürger immer mehr zu regulieren regt sich aber über NSA fürchterlich auf. Man kann und darf sie einfach nicht wählen, sie spinnen!

Das nächste Fetttöpfchen für Steinbrück!

Guten Morgen, liebe Leute. Der SPD Spitzenkandidat zur Bundestagswahl im September, P. Steinbrück, zeigt einmal mehr, wie unfähig er ist dieses Amt zu bekleiden. Bei einer Veranstaltung der Berliner Zeitung „Tagesspiegel" hob er in einer Rede hervor, dass er noch nie eine europäische Rede der Kanzlerin gehört habe. Dieses mag eventuell an ihrer DDR-Vergangenheit liegen.

Das er mit diesem Satz gleichzeitig den von der SPD so heiß geliebten Bundespräsidenten Gauck angreift, übersteigt wohl seinen Horizont. Ich möchte mir gar nicht vorstellen, wie ein so kurz denkender Mensch in Zukunft unser Land regieren und in der Welt vertreten soll!

Zusammenhänge zwischen Hoeneß und meinem Neffen Harald

Der Eine hat heute Geburtstag, mein Neffe und der Andere sorgt für weitere schlechte Nachrichten. Hallo Freunde, Kritiker und Skeptiker, heute mal wieder ein paar Worte zu Hoeneß.

Warum wusste ich eigentlich, dass da noch was nachfolgen würde. Man kann nur gespannt sein ob sich die neuesten „Stern" Recherchen als glaubwürdig oder als Pistolette darstellen werden. Eines jedoch ist sicher und das empört mich auf jeden Fall: In nahezu allen Medien wird die Berichterstattung über den Steuerbetrüger Hoeneß im Sportteil abgehandelt. Das aber gehört dort nicht hin. Wenn euch meine Worte gefallen gebt sie ruhig in eurem Bekanntenkreis weiter, ich habe nichts dagegen!

Nun haben wir den 10. August

Heute ein paar Worte an die BZ und BILD. Wen interessiert es eigentlich wann und mit welchem Gewinn die Wulffs ihr Haus verkauft haben. Doch nur Euch und sonst keinen

Hallo Freunde, Kritiker und Skeptiker, heute sehen wir uns mal die **Wahlprognosen** an. In gut 5 Wochen wird es eine Neubesetzung des

Bundestages geben. Alle führenden Demoskopen sehen für AfD und Piraten keine Chance. Knapp zieht die FDP ein, ebenfalls nach Ansicht aller. Nun zu den sicheren Kandidaten. Mit rund 40% Wähleranteil kann man die CDU durchaus als Volkspartei bezeichnen. Platz zwei für die möchte gern Volkspartei SPD die mit rund 25% vollmundig von regieren spricht, aber nicht weiß wie sie zu den dafür erforderlichen Stimmen kommen soll. Denn nur mit den Anteilen der Grünen (15%) wird es nicht reichen.

Also wird die spannende Frage sein, verbünden sich SPD und Grüne mit den Linken, denn die bringen immerhin 7% der Stimmen mit. Beide Parteien lehnen dieses Regierungsbündnis strikt ab. Geht es aber doch ums regieren und die Macht in Berlin! Wenn es CDU und FDP nicht schaffen, glaube ich an den größten Wählerbetrug alle Zeiten.

Montag, der 12. August

Heute wieder einmal der Flughafen BER, diesmal in Form eines Buches des ehemaligen Architekten Meinhard von Gerkan. In diesem Buch erhebt er schwere Vorwürfe gegen die gesamte Führungsriege. Das geht bis zu Manipulationen an den Bauaufsichtsbüchern.

Es wird sehr spannend werden, wie die einzelnen jetzt darauf reagieren. Vor allem die politischen Fürsten wie Wowereit und Platzeck.

Mehdorn hat es schon gelesen und glaubt er kann sich eine große Klappe erlauben, da er ja erst später eingestiegen ist. Das aber ändert nichts an dem von ihm verschuldeten Murks am BER.

NSA Untersuchungsausschuss

Hallo Freunde, Kritiker und Skeptiker:
Da wäre noch die Sache mit dem Untersuchungsausschuss in der NSA Sache. Urplötzlich tauchte im Schlepptau des Obereinheizers Oppermann der frühere Kanzleramtschef Steinmeier auf und wollte entgegen aller Regularien „Aussagen". Als dieses von der Mehrheit des Ausschusses abgelehnt wurde, was durchaus absehbar war, schmollte Steinmeier und fühlte sich diffamiert!
Ich stelle fest, dank Oppermann der seit langer Zeit schmutzigste Wahlkampf der SPD.

14. August

DB, die Blöden

DB ein Synonym für Deutsche Bahn oder etwa Die Besten, eher nicht. Ich glaube eher an Die Blöden. Wenn irgendwo in einem Unternehmen 50% des Personals ausfallen, ist höchste Alarmstufe angesagt, nur nicht bei der Bahn.

Was interessieren uns die Fahrgäste, um die wir andererseits gezielt und heftig werben. Bezeichnend für die Blödheit ist, dass der Chef von hunderttausenden Mitarbeitern wegen 9 aus dem Urlaub zurückgeholt wird. Das ist schlechter Führungsstiel genau wie in diesem Mainzer Stellwerk!

Heute 38 Tage vor der Bundestagswahl scheint nur eines sicher zu sein, NICHTS!
Nach allen Umfragen müsste Schwarz/Gelb die Führung verteidigen und auch die neue Bundesregierung stellen. Fest steht, dass Rot/Grüne Bündnis hat keinerlei Chancen, wenn nicht, ja wenn nicht Gabriel bei Gysi zu Kreuze kriecht und die Linken mit ins Boot holt. Das aber wäre der größte Wahlbetrug seit ich denken kann. Macht euch eure eigenen Gedanken!

Da ist er wieder, der böse Geist über dem Pannenflughafen BER. Nach einem Bericht in der BILD, hat Siemens festgestellt, Eröffnung frühestens in 2015, andere Experten halten 2016 für angebrachter. Da wird über eine weitere Milliarde Kosten gesprochen und über eine Rückkehr Wowereits an die Aufsichtsratsspitze spekuliert!
Ich kann nur raten, jagt dieses gesamte unfähige und politische Rot/Rote Führungspersonal in die Wüste und beginnt endlich

ordentliche Arbeit und Finanzierung an diesem Flughafen.

Bei diesen Auswüchsen wird mir jetzt schon Angst und Bange, sollte Steinbrück die Kanzlerin ablösen.

Das aber wird Gott sei dank nicht geschehen!

18.August

Das Bürgerfest der SPD in Berlin

Mit einem Bürgerfest hat nun die SPD ihren 150 Geburtstag gefeiert und gleichzeitig die heiße Wahlkampfphase eingeläutet. Das alles mit der Kernaussage von Steinbrück „ich will Kanzler werden". Was er vergessen hat zu sagen „mit gnadenvoller Unterstützung der Linken", wenn überhaupt!

Es ist für mich derart realitätsfremd, dass der Spitzenkandidat einer Partei die um 25% dümpelt, hier mit Sprüchen wie Mindestlohn, Steuererhöhung, Aufbruch um sich schmeißt und sich darstellt als wüsste nur die SPD den Weg nach oben. Wie ihr Weg nach oben ist, sieht man am Flughafen BER.

Am Folgetag das große BILD Interview mit S. Gabriel

Sehr geehrter Herr Gabriel, ich freue mich wie optimistisch Sie in die Zukunft sehen. Nur sollten Sie bei diesem Ausblick auf dem Teppich bleiben. Offizielle Stellen sprechen von 300tausend Besuchern ihres Gründungsfestes und nicht von einer halben Million. Diese Rechenart ihrer Partei ist uns aber nicht fremd. Weiterhin kann die SPD bei der kommenden Wahl eventuell den einen oder anderen Prozentpunkt aufholen aber nicht „gewinnen" oder wollen Sie allen Ernstes behaupten, die SPD könne die 40% Marke knacken.

Sie werfen den Wählern vor wer Merkel wählt, wählt die FDP. Ist es nicht auch so, wer Steinbrück wählt, wählt auch Trittin. Also bei ihrer Partei nichts anderes als bei der CDU!

Sehr geehrter Herr Butterwegge

Ihr heute im FOCUS veröffentlichter Bericht zur kommenden Wahl und der Wahlbeteiligung übersieht meiner Meinung nach einiges. Nicht unbedingt Arm oder Reich entscheiden den Gang zur Wahlurne, sondern vor allem auch Alt oder Jung. Wenn Sie in ihrem Bericht ein Hochhausviertel mit einer Wohngegend aus überwiegend Eigenheimen vergleichen, mag es wohl auch daran liegen, dass in einem Bereich mehr jüngere Menschen leben, im anderen mehr ältere.

Die Politikverdrossenheit nimmt überwiegend unter den jüngeren Menschen mehr und mehr Raum ein. Wie Sie sagen kann dann die „arme" Mutter nicht mehr wählen gehen. So einen Schmarren habe ich selten gehört.

Ich denke da spielen noch ganz andere Faktoren hinein!

Heute 33 Tage vor der Wahl besticht die SPD mit Steueruneinheit, die Grünen mit Gedöns um von ihren Trieben abzulenken und von den anderen hört man nicht viel. Nur CDU Schäuble warnt vor. Auch nach der Wahl noch Griechenlandhilfen!

Der neueste Wahltrend sagt aus: deutlicher Vorsprung von Schwarz/Gelb mit 47 Prozentpunkten. SPD im Jahrestief bei 22, die Grünen unverändert mit 13 und die Linke bei 8 Prozent. So wird das nichts mit dem Umbruch, Herr Gabriel.

Die Gunst des Volkes ist bei Merkel und nicht bei Steinbrück.

23. August

Läuten wir die letzten 30 Tage des Bundestagswahlkampf ein. Der sündhaft teure NSU-Untersuchungsausschuss hat seinen Abschlussbericht vorgelegt. Neben knapp 50 Empfehlungen für die Zukunft nichts neues. Die SPD sieht die Schuld bei der CDU, die wiederum sieht diese bei der SPD. Die Grünen und die Linke schlagen auf alle ein und die FDP versucht einigermaßen sachlich zu argumentieren.

Die Griechenlandfinanzierung sollte für die SPD ein Wahlkampfthema werden, wird aber wie es aussieht zum Rohrkrepierer. Alle wichtigen

Beschlüsse dazu sind gemeinsam mit der SPD getroffen worden. Was kaum veröffentlicht wird, bislang haben wir noch nicht gezahlt sondern Milliarden verdient!

Neuer Versuch von Steinbrück. Er veröffentlicht seine STASI-Akte um zu zeigen, seht her ich bin nicht DDR vorbelastet. Geschmacklos, unwirklich, auf jeden Fall kein Wahlkampfthema! Was immer unverblümter gehandelt wird Rot/Grün/Rot - aber in den meisten Umfragen reicht noch nicht einmal das zum Machtwechsel.

Wie heute bekannt wurde, hat die SPD schon jetzt den Tiefpunkt ihrer geschmacklosen Wahlwerbung erreicht. Die JUSOS wollen eine Postkarte mit dem Händedruck zwischen Merkel und Hoeneß und der Sprechblase Merkels (Uli das steuern wir schon) hunderttausendfach bei Dortmund und Schalke verteilen. Die Dummköpfe glauben damit bei Fußballfans punkten zu können. Da frage ich mich doch, ob in diesem Sauhaufen SPD jeder machen kann was er will. Eine einheitliche Linie scheint es nicht zu geben. Und Gabriel, abgetaucht.

Es wäre seine Pflicht, diese weit unter der Gürtellinie positionierte Wahlwerbung seiner Jugendorganisation sofort zu verbieten und vernichten!

24. August

Die aktuelle Ausgabe des „Handelsblatt" titelt mit einem interessanten Bild. Kanzlerin Merkel ist eine Lügennase gewachsen und in ihrer linken Hand trägt sie ein Tablett, welches wohl dem Leser verdeutlichen soll: Darin befindet sich die Rechnung für die Griechenlandhilfe. Die natürlich der Steuerzahler begleichen soll. Wer sich aber bei diesem Thema so weit aus dem Fenster lehnt, der sollte auch berichten wie es wirklich ist, sonst wächst ihm selbst die Lügennase.

Also liebes Handelsblatt, hättet ihr der Kanzlerin noch den kleinen Gabriel und Trittin an die rechte Hand gegeben, könnte man die Geschichte wesentlich glaubhafter und objektiver vermitteln.

26. August

Hallo Herr Steinbrück, wie viel Dummheit und Ahnungslosigkeit wollen Sie eigentlich ihren Wählern noch unterstellen. Sie geben sich als ausgewiesener Fußballfan, mal für den einen mal für den anderen Verein, zur Zeit gerade für Dortmund.

Diese unflätige Wahlkampagne, Händedruck Merkel - Hoeneß, der JUSOS unterstützen Sie. Bezeichnen es als Satire und mehr gegen Hoeneß als Merkel gerichtet!

Sie glauben wirklich mit diesen Schmutzkarten könnte man Hoeneß beeindrucken. Nein tun Sie nicht! Sie benutzen den Steuersünder um ihrer politischen Konkurrenz Unfähigkeit zu unterstellen. Das aber unterstreicht die Hilflosigkeit der SPD 2013 einen ordentlichen Wahlkampf zu führen und offenbart zu gleich Ihre Hinterhältigkeit! Solche Menschen aber sind als Bundeskanzler völlig ungeeignet.
Gut 3 Wochen vor der Wahl am 22. September überschattet außenpolitisches alles. Die Weltgemeinschaft sucht verzweifelt Wege um diesen Assad in Syrien zu stoppen. Die Rufe der Kriegstreiber werden immer lauter.

Nun aber zu den Ereignissen vor der Wahl. Hohn und Spott für die Grünen von der CDU/CSU. In einem Grundsatzpapier beklagen die Grünen das Merkel und Co es geschafft hätten, dass die Beiträge zur gesetzlichen Krankenversicherung für Arbeitnehmer/innen 0,9 Prozentpunkte teurer sind als für die Arbeitgeber. Fakt jedoch ist, dass die Rot/Grüne Regierung genau dieses zum 01. Juli 2005 beschlossen hat. Wenn man dann noch mit diesem Sachverhalt vor Gericht zieht und verliert, muss man sich einfach lächerlich machen.
Die SPD hat ganz erstaunlich den Steuerbetrügern den Kampf angesagt. Sie sagt nicht erst seit gestern damit mehr Geld einzunehmen,

sagt aber auch, nicht auf Steuererhöhungen zu verzichten. Vor allem aber will sie weiterhin die umstrittenen Steuer-CDs von Gesetzesbrechern ankaufen. Natürlich ist der Bundesverteidigungsminister erneut in den Focus geraten.

Die FDP versucht mit Sacharbeit zu punkten und von den Linken kommt eh nichts vernünftig demokratisches auf den Tisch,

Im laufe des Tages gab es wieder erhebliche Spekulationen um C. Wulff. Wird nun Anklage erhoben oder nicht und wenn überhaupt nicht wegen Bestechlichkeit sondern nur wegen Vorteilsnahme.

Dieses Getue der Medien um einen gebrochenen Menschen, wegen wirklichen Peanuts, geht mir so was von auf den Sack, unvorstellbar!

Ich bin gespannt ob es euch gelingen wird, einen echten Steuerbetrüger in Millionenhöhe und dessen Familie genau so zu zerstören wie die Familie des Ex-Präsidenten. Davor, so glaube ich, habt ihr aber richtig Schiss. Nicht vorstellbar wenn die Aufsichtsratskollegen von Hoeneß ihre Werbungen aus den entsprechenden Medien entfernen würden.

Also lasst doch endlich C. Wulff in Ruhe!

28. August

Heimlich, Still und Leise

Eigenschaften die sonst nicht von der SPD bevorzugt werden. Seltsamer Weise hat die Partei dieses Instrumentarium für den Führungswechsel in Brandenburg gewählt. Da folgt Woidke als Führungsperson der Partei Platzeck. Nebenher wird er der neue Ministerpräsident des Landes. Nur eines hat er schon im Vorfeld ausgeschlossen. Als Aufsichtsratschef BER stehe er nicht zur Verfügung.

Genau das wird später dem Land Brandenburg die Möglichkeit geben, Berlin einzig und alleine für diesen Pannenflughafen verantwortlich zu machen. Nicht vergessen, in Brandenburg hat Rot/Rot das sagen!

Nur einen Tag später:

Das Fundstück im Vorwahlkampf überhaupt, natürlich geliefert von der SPD. Diesmal die Web-Seite der Generalsekretärin Nahles. Was macht jede Partei immer und insbesondere vor Wahlen, sie bittet um Spenden.

Aber das nun ausgerechnet auf der Seite der SPD Frontfrau um Spenden für die CDU geworben wird? Kein Wahlkampftrick sondern einfach nur schlicht und ergreifend Dummheit! Ich denke mal, so gravierende Fehler dürfen in der heißen Wahlkampfphase nicht passieren.

Noch eine Anmerkung. Habt ihr gestern Abend Maybrit Illner gesehen. Die Giftschleuder Oppermann von der SPD, der Grünenvorsitzende Özdemir und Innenminister Friedrich. Hauptthema Innenpolitik, welches ich ohne Bewertung berichte. Was mir am Herzen liegt, dreimal hat die Moderatorin die Gesprächspartner zu einer Ja oder Nein Antwort aufgefordert. Jedes mal begann Oppermann und jede Antwort wurde länger. Auch Özdemir konnte sich nicht auf die Bitte der Moderatorin einlassen. Auch er referierte in langen Sätzen. Und ob ihr es glaubt oder nicht, die wenigsten Worte brauchte Friedrich. Festzustellen bleibt – keiner der Politiker war in der Lage ein klares Ja oder Nein zu antworten -.

Am Folgetag weitere Politprominenz bei Illner. Die Arbeitsministerin, der Gesundheitsminister und der Umweltminister, eingerahmt von der SPD Powerfrau Schwesig, Trittin und C. Lindner von der FDP. Ein weiteres Mal hat es keine dieser Personen geschafft mit einem klaren Ja oder Nein zu antworten. Am kürzesten FDP Lindner.

Nun zu Steinbrücks 100 Tage Programm im Falle eines Wahlsieges. Wen will er eigentlich besiegen, die Grünen, die FDP oder die Linken? Gegen die CDU hat er doch nicht den Hauch einer Chance. Darum ist dieser von der SPD aufgebauschte und miese Wahlkampf unter aller Sau. Was glaubt die SPD eigentlich sagen am Ende die Grünen dazu, ja lieber Sigmar Gabriel ihr macht schon alles richtig. Ein Narr wer solches glaubt. Dazu bemerkt die Forschungsgruppe Wahlen des ZDF am 29. August -
CDU 41% - SPD 26% - Grüne 12% - Linke   7% - FDP 6%

Deutschlandtrend zur Bundestagswahl

Schwarz-Gelb liegt in Umfragen ganz knapp vor Rot-Grün. So der politische Leitartikel des Focus-Online.
Was mich stört, immer diese Halbwahrheiten in den Medien. Rot / Grün zusammen erreichen nicht einmal die Werte der CDU. Nur unter Einbeziehung der Linken wird es eine knappe Sache. Das aber wird erst viel später in einem kurzen Satz erwähnt. Wann endlich kann der Leser erwarten aus der Überschrift auch Tatsachen zu erfahren?

SEPTEMBER

01. September

Nun haben wir also den Morgen vor dem mit Spannung erwarteten Rededuell zwischen der Kanzlerin und ihrem Herausforderer.

Ich glaube ja, dass sich an den vor gefestigten Meinungen nicht viel ändern wird. Nicht richtig anfreunden kann ich mich mit den letzten Äußerungen des Bundespräsidenten, der in den Medien wie folgt zitiert wird:

Passt einem keine Partei so solle man das kleinere Übel wählen

Im Moment haben wir einen Durchschnitt von 46% bei den Regierungsparteien. Die Opposition ohne die Linke kommt nicht über die 40%. Lassen wir uns überraschen wie es nach diesem Duell aussieht. Ob nicht Raab 50% bekommt und die Politiker zu Statisten abgetan werden!

Nun also wissen wir, P. Steinbrück will nur weitermachen wenn er „King of the Kotelette" wird! Ein Satz, eine Aussage die man bis zum gestrigen Abend niemals in einer solchen Sendung erwartet hätte.

Raab macht es möglich und die Medien springen auf diese Aussage. Verschiedentlich wird die Berichterstattung mit diesem Zitat eröffnet bevor es an die Sachthemen geht.

Da aber punktet die Kanzlerin eindeutig. Sie gibt klare Aussagen zur Sache, sagt was und in welcher Reihenfolge gemacht werden muss und warum. Sie sagt eindeutig „mit mir keine Pkw-Maut", Steinbrück lächelt, Raab freut sich und beide denken nicht einen Moment daran dass die Kanzlerin sicherlich auf diese Frage vorbereitet war und im Vorfeld mit Seehofer darüber gesprochen hat.

Dann aber kommt der Punkt als sich Steinbrück äußerst Dünnhäutig den Fragen der Journalisten verschließt. Verdienen Politiker zu wenig? Jetzt hat er eindeutig verloren. Nun werden wir mal die nächsten ernst zunehmenden Umfragen abwarten.

02. September

Die Wahl rückt immer näher!

Eine neue Fernsehrunde wurde eingeläutet, Gysi, Trittin und Brüderle sind die Akteure. Wichtige Themen sollten mit guten Argumenten an den Wähler gebracht werden. Stattdessen – drei zivilisierte Männer, wie man denken sollte, verhalten sich wie die ersten Primaten. Hätten die Moderatoren, die nicht unbedingt über den Dingen standen, Keulen verteilt wäre es noch interessanter geworden. Mit solchen „Gesprächsrunden" im Fernsehen tut man alles dafür den Wähler von der Wahl abzuhalten. Also ihr Politiker, sucht die Schuld bei geringer

Wahlbeteiligung nicht irgendwo, sondern fasst euch an die eigene Nase!

04. September

Die Wahl rückt immer näher, in Bayern!

Gestern im Bundestag, heftiger Schlagabtausch zwischen Herausforderer und Kanzlerin. Eines fällt auf im Pressespektrum, nur die BILD geht auf Raab und seinen Ausspruch ein. Hatte ich auch nicht anders erwartet. Was die gesamte SPD wieder einmal übersehen hat, vor der Bundestagswahl ist Landtagswahl in Bayern angesagt und da droht der SPD eine vernichtende Niederlage. Da hilft es auch nichts, wenn Frau Nahles plötzlich am Rednerpult des Bundestages ein Kinderlied anstimmt. Wie peinlich war denn das? Da ist ja Pannen Peer noch harmlos dagegen.

Es ist unglaublich, mit welcher Beharrlichkeit die SPD der Kanzlerin und ihrer CDU Lügen vorwirft. Wo doch die geheimen Vorbereitungen bei der SPD getroffen werden, die Linke mit ins Boot zu nehmen.

Lieber T. Oppermann, es ist schon sehr gewagt, als die Dreckschleuder der SPD, von der Kanzlerin eine Entschuldigung zu fordern. Wenn ich mal die Aussage der Kanzlerin im Bezug auf die Unzuverlässigkeit der SPD in der Europolitik mit dem vergleiche was Sie ihr schon alles an den Kopf geworfen haben, trifft nur ein Satz zu: „Wer im Glashaus sitzt sollte nicht mit Steinen werfen". Aber überlegen und nachdenken sind ja nicht gerade Ihre bzw. der SPD starke Seiten!

Da haben sie sich so viel von diesem Sonntag erhofft, haben ein Siegesgeschrei angestimmt und was ist 3 Tage später noch übrig. Schwarz /Gelb führt in den aktuellen Umfragen immer noch. Ich bin auf Ihr Geschrei gespannt, wenn die Bayernwahl vorüber ist!

05. September

Finanzierungsangebot im Syrienkonflikt!

So spannend wie es vor der Wahl ist, dürfen wir aber die Welt um uns herum nicht vergessen. Das Treffen der wichtigsten 20 Nationen in St. Petersburg steht vor der Tür und wir alle hoffen, dass sich die Amerikaner, Russen und Chinesen im Bezug auf Syrien einigen können.

Da hört man einlenkende Worte von Putin, da gewinnt Obama einen politischen Prozess zum militärischen Eingreifen und erstmals bietet eine Gemeinschaft arabischer Staaten den USA an, diesen Einsatz zu finanzieren.

Warum schickt Putin nicht eigene Fachleute um sich Gewissheit in die eine oder andere Richtung zu verschaffen?

Eines jedoch steht fest, ein kriegerisches Eingreifen darf es nur im äußersten Notfall geben, obwohl ein solcher Verstoß gegen die Weltgemeinschaft auch geahndet werden muss!

Das gemeinsame Abendessen mit anschließender Gesprächsrunde beim G20 Treffen in St. Petersburg ist ergebnislos zu Ende gegangen. Die Erwartung auf eine, wenn auch nur geringe Annäherung der USA und China / Russland ist nicht eingetroffen.

Die letzten 14 Tage

Gut 2 Wochen vor der Wahl in Deutschland kann ich nur davor warnen die AfD in den Bundestag zu wählen. Alle Experten sind sich einig, die Pläne der Partei würden hunderte Milliarden Euro kosten, hunderttausende Arbeitsplätze vernichten und ein gemeinsames Europa würde sehr in Frage gestellt werden. Weiterhin könnte dann nur noch die Möglichkeit auf eine Schwarz/Rote Regierung bestehen. Es gäbe keine weiteren Optionen.

Der FDP kann ich nur empfehlen, besinnt euch auf eure Stammwähler und ein sicherer Einzug in den neuen Bundestag sollte die Folge sein. Leider ist die Neuregelung der Überhangmandate immer noch so unübersichtlich das sich eine Erklärung hier ausschließt. Fest zu halten bleibt der Absturz der Grünen.

Keine zwei Wochen bis zum Wahltag

In den Medien ist es relativ ruhig für eine „heiße Wahlkampfphase", da knallen BILD und der sich anschließende Focus einen raus. Diese Meldung toppt sogar den amerikanischen Wahlkampfsumpf und erinnert in einer Erklärung von Frau Steinbrück seltsamerweise sehr an die Rechtfertigung der Fa. Wulff.

„Steinbrücks werden erpresst", oh, der arme Kanzlerkandidat. Sollen sie doch vor Jahren eine Putzfrau illegal beschäftigt haben und der Erpresser droht angeblich damit, sollte Steinbrück nicht als Kanzlerkandidat zurücktreten, dieses an die Öffentlichkeit zu bringen. Jeder traut es ihm zu und dennoch interessiert es keinen, außer die öffentliche Meinungsmache der BILD. Und dann erklärt Frau Steinbrück, die Putzhilfe war ein Geschenk ihrer Mutter und sie habe das Geld dann mit ihrer Mutter abgerechnet.

Liebe SPD, bei dieser Art von Wahlkampf stülpt sich mir der Magen um weil es mir ganz deutlich zeigt, dieses ist der schmutzigste Wahlkampf den diese Partei je geführt hat. Aber einfach zu sagen, unser Kanzlerkandidat P. Steinbrück ist nicht erpressbar geht nicht, weil es euch keiner glauben würde!

Nach dem nun die Familie Steinbrück in den Medien rauf und runter bemitleidet wurde ob der „Erpressung" wodurch P. Steinbrück zum

Rücktritt gezwungen werden sollte, nun eine sportpolitische Meldung.
Die olympischen Spiele 2020 werden in Tokio ausgetragen. Die Japaner setzten sich im Finale gegen Istanbul durch. Madrid war schon früher ausgeschieden. Wie weit diese Entscheidung in die aktuelle Politik eingreift zeigt die Erklärung des DFB ganz deutlich:

„Der Deutsche Fußball-Bund hatte bereits zuvor angekündigt, in dem nun eingetretenen Fall eine eigene Final-Bewerbung mit München als Spielort zugunsten der Türken zurückziehen zu wollen und sich nur um Gruppenspiele und ein K.o.-Duell zu bemühen."

Soviel dazu heute Morgen. Sicherlich wird der Tag noch einige Meldungen zur Bundestagswahl hervorbringen.

Ein furchtbares außenpolitisches Versagen der Kanzlerin beschäftigt die BILD. Völlig gegensätzlich der Bericht der FaZ. Dazu die Vorwürfe der SPD vor allem von deren Vorsitzenden Gabriel. Frau Merkel hat Deutschland in Europa und weltweit ins Abseits gestellt, weil sie nicht den Militärplänen von Obama zugestimmt hat. Mit anderen Worten, die SPD hätte ohne Abstimmung mit Europa diese Erklärung unterschrieben.
Im Gegenteil hat die Regierung das Treffen der europäischen Außenminister abgewartet und als hier eine einheitliche Linie erkennbar war,

hat Deutschland die Erklärung dann nachträglich unterschrieben. Das nenne ich verantwortliches europäisches Handeln und nicht die unüberlegte Vorgehensweise der SPD. Da werfen sie der Regierung Kriegsbeteiligungen vor und hätten das ungeachtet anderer sofort und blind unterschrieben. Was seit ihr eigentlich für eine Partei geworden? Insbesondere wenn am selben Morgen bekannt wird, P. Steinbrück Kanzlerkandidat der SPD, will im Falle eines Sieges nicht alles sofort umsetzen. So zum Beispiel die Rente mit 67. Da möchte er erst einmal genau prüfen und beobachten, obwohl die Partei erklärt, dieses sofort ändern zu wollen! Parteierklärung, Notbremsung mit anschließendem Schlingerkurs. Herr Gabriel, da frage ich mich natürlich, wer hat mehr Zick-Zack, ihre SPD oder die Kanzlerin.

Am heutigen späten Nachmittag die Meldung: Der Steinbrück-Erpresser hat sich bei der zuständigen Staatsanwaltschaft gemeldet. Der Brief sei aus versehen verschickt worden!
Beim Focus laufen die Meldungen jetzt um 17.08 Uhr noch auf, bei der BILD liegt bereits das gesamte Statement vor, mit allen Erklärungen.
Mir kommt das große Kotzen wenn ich diese Abläufe verfolge!
Wir schreiben den 10. September, also 12 Tage vor der Wahl. Die SPD kämpft und der Fahrer vom Chef donnert mit 180 km/h über die

Autobahn. Ob Gabriel weiß, dass seine Tage als Parteivorsitzender gezählt sind und er den Ablauf beschleunigen will?

Fest steht, die Neu/Alten bringen sich schon in Stellung. Ob Scholz, Scheswig oder auch Kraft. Wenig hört man von Steinmeier und Wowereit. Ich bin gespannt, wie sich die Partei nach der Wahl und der Niederlage neu sortieren wird.

Noch ein Wort zu der Kanzlerin und ihrem Verhalten den USA gegenüber im Syrien Konflikt. Sie hat überdeutlich gezeigt, wie wichtig ihr ein gemeinsames Europa ist. All die anderen „großen" Europapolitiker von der SPD und den Grünen, denen wie immer und überall „das Hemd, näher als die Hose ist", sind nicht in der Lage dieses Verhalten zu respektieren geschweige den für gut zu befinden.

Einen Tag später sinken die Grünen in unendliche Tiefen. Vorher versuchen sie aber alles um die Regierungspartei der Kanzlerin in den Schmutz zu ziehen. Auf ihre Anzeige hin wurde nun der Thüringischen Ministerpräsidentin Lieberknecht die Immunität aberkannt.

Ein Regierungsfehler kleineren Ausmaßes führte, bedingt durch die Versetzung eines Mitarbeiters in den einstweiligen Ruhestand, zu diesen Ausmaßen. Leider hat sich bis heute keiner gefunden, der eurem Steine werfenden Ex-Vorsitzenden und den anderen pädophilen Großschnauzen in eurer Partei so richtig den Kampf angesagt hat. Also auch für euch gilt – wer im Glashaus sitzt, sollte nicht mit Steinen werfen -. Was glaubt ihr eigentlich, mit euren knapp 10% der Wählerstimmen, für einen Aufriss machen zu können. Normalerweise müsst ihr froh sein, wenn euch eine der anderen Parteien als Partner benötigt, dass ihr dann überhaupt was zu melden habt!

Nur noch 10 Tage!

Was bleibt mir anderes als heute über die Wahlarena und die handzahme Befragung des SPD Spitzenkandidaten Steinbrück nachzudenken. Als erstes fällt mir auf, diese bedingungslose Forderung nach einem flächendeckenden Mindestlohn, beschlossen durch die Politik. Ja will denn der Steinbrück die Gewerkschaften abschaffen, den Eindruck habe ich manchmal. Erstaunlich, keine hinterhältigen oder anmaßenden Fragen, weder zu Vortragskonditionen noch zur „angeblichen" Erpressung. Alle Vorgaben halten sich schön an das SPD Wahlprogramm.

Steinbrück sagt sehr viel über Finanzierung die in verschiedenen Bereichen unbedingt bewältigt werden muss. Sagt aber sehr wenig über die Art der Finanzierung. In einem konkreten Fall, der Pflegeversicherung, sagt er wo das Geld herkommen soll.

Ohne Not erklärt er dem Studiopublikum und den Millionen

Fernsehzuschauern, dass er zweimal sitzengeblieben ist. Mit anderen Worten: Leute schaut her wie es bei der SPD geht, ich bin zweimal Sitzengeblieben und der Beste als Kanzlerkandidat. Jeder möchte denken was er will.

Zum Schluss noch, für mich völlig unverständlich, will er als Kanzler viele Dinge umsetzen ohne bzw. nur in einem kleinen Nebensatz darauf hin zu weisen, ohne andere Parteien geht es gar nicht!

Das ist aber noch nicht der Höhepunkt dieser Wahlkampagne des Kanzlerinnen Herausforderers Steinbrück. In einem Interview ohne Worte, wie es schon viele andere Politiker vor ihm getan haben reagierte Pannen-Peer wie es eigentlich zu erwarten war.

Als er auf kursierende Spitznamen angesprochen wurde zeigte der Kanzlerkandidat den Stinkefinger. Alles ab morgen im Focus. Es muss doch eine herrliche Vorstellung sein, wenn Obama den Kanzler Steinbrück anspricht und dem Angesprochenen das nicht gefällt, bekommt Obama als Antwort den Stinkefinger gezeigt. Bravo Peer große Weltpolitik!

Das alles bleibt uns hoffentlich erspart!!!

Die Reaktionen am nächsten Tag:

Parteivorsitzender Gabriel und die Ersatzschleuder von Oppermann,

R. Stegner aus dem hohen Norden finden natürlich nichts Verwerfliches an ihrem Spitzenkandidaten.

Wenn ich richtig erinnere, waren diese beiden auch unter den ersten Kritikern wenn ein Sportler den Stinkefinger gezeigt hatte. Sportler hätten eine Vorbildfunktion und dürfen so etwas nicht. War ihre einhellige Meinung, bis jetzt. Hier zeigt sich ganz deutlich: Pfui, was du machst ist nicht richtig, es ist nur bei der SPD richtig. „Krass"!

14. September

Berliner CDU Generalsekretär Kai Wegner spricht offene und mutige Worte. Worüber, über das Buch von Bushido. In diesem Buch bezeichnet sich der Skandal Rapper als eine gelungene Version der Integration und er sei stolz darauf ein Deutscher zu sein?

Zitat aus der BZ Berlin - „Mit seinen kruden Ehrvorstellungen aus dem vorvergangenen Jahrhundert, seinen zwielichtigen Kontakten und seinem Antisemitismus ist Bushido das genaue Gegenteil von gelungener Integration." So Kai Wegner. Augenzwinkernd mit Hinweis auf den Wahlkampf fügte er hinzu: Das ist in etwa so sinnvoll, wie Andrea Nahles zum Eurovision Song Contest anzumelden"

Ich bin gespannt welche Reaktionen nun von Seiten Bushidos erfolgen!

Sonntag der 15. September, Wahltag in Bayern

Diese Wahl wird auf jeden Fall richtungsweisend für die kommende Bundestagswahl sein. Zur Qualität der Wahlaktivitäten lässt sich feststellen, bei einem CDU Parteitag in Heilbronn sprach die Kanzlerin und erwähnte das neue Markenzeichen (Stinkefinger) ihres Kontrahenten P. Steinbrück nicht mit einem Wort. So geht das Werben um Wählerstimmen auch liebe SPD und Grüne, nicht immer nur mit Schlammschlachten!

Eine wichtige, sehr glaubhaft dargelegte Aussage zur Zusammenarbeit mit der AfD machte die Kanzlerin erneut. Keine Verbindung mit dieser Partei. Wenn ich die Aussagen der SPD im Bezug auf die Linke dagegen halte, weiß ich sehr wohl was für mich glaubhafter ist! Sicherlich melde ich mich am Abend noch einmal.

Ja, nun ist es Abend und es steht fest, dass die CSU mit H. Seehofer die absolute Mehrheit mit nahezu 49% erreicht hat. Die FDP ist raus und die SPD kommt knapp über 20%. Freie Wähler und Grüne bei rund 8%.

Erfreulich aber die gut angestiegene Wahlbeteiligung auf knapp 65%. Steinbrück plaudert aus, dass nun mittlerweile die 13 Wahl in Folge zeigte, dass Schwarz/Gelb zu Ende ist. Macht ja auch nichts, weil die

Schwarzen die absolute Mehrheit erreicht haben. Hat er wohl vergessen!

Montag, der 16. September

Der Triumphator in Bayern und die SPD im Nachbarland Thüringen. Dort zeigen sich die Roten wie sie wirklich sind. Wenn zwei das gleiche tun ist es noch lange nicht dasselbe. Wirtschaftsminister Machnig der mit den Grünen solidarisch dafür kämpfte, dass seiner Ministerpräsidentin die Immunität entzogen wurde. Über ihr Handeln zeigte er sich höchst empört. Jetzt steht er selbst im Focus, wegen zu unrecht erhaltener Bezüge. Das aber ist nun was völlig anderes. Die SPD und das Verhältnis zum Geld ist etwas eigenartig. Ob Einzelpersonen wie Steinbrück oder Machnig, ob Landesregierungen mit Wowereit in Berlin und Platzeck in Brandenburg,siehe BER Mit Scholz in Hamburg, siehe Elbphilharmonie oder Kraft in NRW.
Aber laut Steinbrück können sie alle mit Geld besser umgehen wie die gegenwärtige Regierung, wer soll das denn noch glauben?
Die CSU ist in Bayern durch und kann nun so richtig vom Leder ziehen. Ihr Generalsekretär Dobrindt hat nun endlich öffentlich aufgegriffen was ich am 11. September in meinem Blog geschrieben habe. Dort heißt es unter anderem: Leider hat sich bis heute keiner

gefunden, der eurem Steine werfenden Ex-Vorsitzenden und den anderen pädophilen Großschnauzen in eurer Partei so richtig den Kampf angesagt hat.

Nun hat sich jemand gefunden und ich begrüße es sehr. Denn nun wird deutlich, wie ernst es die Grünen und auch ihr Lieblingspartner SPD in öffentlichen Angelegenheiten meinen. So denkt Trittin jetzt mit einem „tut mir Leid" ist alles abgetan. Kann einfach nicht sein!

Dienstag der 17. September

Offenbarung im „Focus"

HRE-Rettung: Wie Ackermann Merkel über den Tisch zog

Das Magazin enthüllt, wie Deutsche Bank Chef Ackermann die Kanzlerin in der entscheidenden Phase der Bankenrettung über den Tisch gezogen hat. Was mir zu wenig betont wird, damaliger Fachminister der Finanzen, P. Steinbrück. Er hätte die Angelegenheit so weit bearbeiten müssen, dass A. Merkel gut beraten gewesen wäre. Hat er aber nicht. Bedeutet mit anderen Worten, an dieser folgenschweren Entscheidung gegen die Steuerzahler war der SPD Kanzlerkandidat zu gleichen Teilen wie die Kanzlerin beteiligt. Wird leider immer wieder vergessen. Sollten sich die Wähler aber merken.

Gleichzeitig ringt 5 Tage vor der Wahl die FDP in den Augen der

Medien um ihr Überleben. Ich glaube fest daran, dass der Wählerstamm der FDP bundesweit für einen erneuten Einzug ins Parlament reichen wird. Bei allem Wahlkampfgetöse ist eine Aussage der Partei wohl am zutreffendsten. Geht es nicht mit Schwarz/Gelb weiter, wird sich die SPD nicht scheuen die Linken ins Boot zu holen um an die Macht zu kommen.

Noch 4 Tage bis zur Wahl

Wenn zum Teil 40 Jahre alte Doktorarbeiten dazu führen, dass dem Verfasser die Doktorwürde aberkannt wird. In diesen Fällen die Grünen mit Trittin an der Spitze auf Rückzug aus dem Amt drängen und es für moralisch verwerflich halten, was Herr Trittin hält Sie dann noch an der Spitze ihrer Partei. Oder glauben Sie ernsthaft daran, dass erneut ein Steine werfender, Polizisten verletzender oder pädophiler Grüner Außenminister werden kann?

Der Alt-Kanzler Helmut Schmidt, von dem viele Leute auch viel halten, meine Person eingeschlossen. Er hat heute verkündet „über meine Lippen kommt kein Wahlkampfwort mehr". Eine sehr weise Entscheidung, Herr Schmidt.

Den anderen, volksverdummer und Putin-Freund, G. Schröder, möchte ich mal fragen, ob er in diesem weltweit verflochtenen Imperium des

Putin auch schon eine Stelle für P. Steinbrück reserviert hat! All die Äußerungen zu seinen Grünen Kumpels von früher fliegen ihm jetzt in Niedersachsen um die Ohren. Ich kann nur raten: Alle, ob sie nun zweimal sitzengeblieben sind, ob sie Putin einen lupenreinen Demokraten nennen oder auch als Parteivorsitzender nichts zu sagen haben, bzw. im Bundestag am Rednerpult Kinderlieder anstimmen, sie alle sollten sich einmal reiflich überlegen ob sie tatsächlich in der Lage sind eine Industrienation wie Deutschland zu lenken und fördern!

Es ist Donnerstag Abend, drei Tage vor der Wahl. Im öffentlich-rechtlichen Fernsehen läuft ab 20.15 Uhr die sogenannte „Elefantenrunde". Mit dieser Gesprächsrunde wollen die Parteien noch unsichere Wähler gewinnen.

Was ich dann aber erleben musste, war keine Elefantenrunde sondern ein bunt durcheinander schreiender Hühnerhaufen. Die Moderatoren war nicht in der Lage ein klare Linie zu fahren. Die Politiker aber haben alles dafür getan dem Wähler den Urnengang zu vermiesen.

Respektlos, den anderen nicht ausreden lassen und möglichst alle anderen überschreien, wenn es geht noch gleichzeitig. So liebe Politiker kann man sein Anliegen nicht an den Wähler bringen!

Heute, einen Tag vor der Wahl, meine Vorhersage für den *Wahlausgang:*

CDU   39,7 %

SPD   26,2 %

Grüne   9,7%

LINKE   9,0%

FDP   6,5%

AfD   3,2%

Piraten 2,9%

Andere   2,8%

Das alles bei einer Wahlbeteiligung von 63,3%. Bis Morgen

Nun ist es Montagmorgen und die mit so viel Spannung erwartete Bundestagswahl ist gelaufen. Das erfreulichste und wichtigste vorab, eine gestiegene Wahlbeteiligung. Ein herausragender Sieg der Merkel CDU und erstmals, seit bestehen der Bundesrepublik, ist die FDP nicht mehr im Bundestag vertreten. Dafür in Hessen last Minute Einzug in das Landesparlament, mit 5,00% der abgegebenen Stimmen

Ein denkwürdiger Tag, dieser 23. September 2013

Die Grünen wurden abgestraft und auch die Linken mussten Einbußen hinnehmen. Die Fortführung einer Schwaz/Gelben Koalition wurde klar durch die AfD vereitelt. Die anderen Parteien spielten keine Rolle. Die SPD blieb weit hinter ihren Erwartungen zurück, obwohl sie gering zulegen konnte. Das vorläufig amtliche Endergebnis zeigt eine CDU die knapp an der absoluten Mehrheit vorbei geschrammt ist und einen Koalitionspartner braucht. Hält die SPD ihr Wort, kommt nur eine große Koalition in Betracht, tut sie es nicht und strebt doch Rot/Rot/Grün an, würden sie des Volkes Willen absolut Missachten. Soviel zunächst einmal für heute. Mit diesem Wahlausgang werden wir uns glaube ich noch die ganze Woche beschäftigen.

Seit Anbeginn dieses deutschen Bundestages ist die FDP in diesem vertreten gewesen. Unterirdische Grabenkämpfe, Machtkämpfe und desaströse Personalentscheidungen haben letztlich dazu geführt, dass man an der 5% Hürde gescheitert ist. Was mir aber so richtig wehtut, dass da einige Spinner angerannt kommen und die AfD mit der FDP vergleichen. Oder wollte hier ernsthaft jemand Lucke und Genscher vergleichen. Wie die Demoskopen ermittelt haben, ist der Stimmanteil der AfD bei den Erstwählern gleich null. Sind diese klüger als all die anderen älteren, die sich von der Eurohysterie dieser Partei und ihres Vorsitzenden haben anstecken lassen und zu dem Glauben gekommen sind, dieser Spinner könne es besser als die FDP. Unfassbar!

Diesem Bundestag geht ein riesiges Stück politischer Liberalität verloren. Ich kann nur hoffen, dass die FDP daran nicht zerbricht und Lindner, Kubicki und der um die beiden versammelte Kreis es schafft, die Partei zu retten und zur nächsten Wahl wieder in den Bundestag zu bringen!

Tag 2 nach der Wahl.

Die öffentlichen Spekulationen über die künftige Regierung nehmen Fahrt auf. Seehofer schließt Schwarz/Grün aus „Basta". Die SPD will nicht schon wieder „Steigbügelhalter" für die CDU sein. Die Linke biedert sich in einer Tour an und wir werden sehen ob sie die anderen beiden klein kriegt und wir auf Rot/Rot/Grün zusteuern. Zuzutrauen wäre es diesem Gabriel und Trittin schon, nur um an die Macht zu kommen. Dabei sehr interessant, Steinbrück ist aus dem Rennen weil er ja als Kandidat eine Zusammenarbeit mit den Linken abgelehnt hatte. Würde bedeuten, neuer Kanzler Gabriel und Vize Trittin.

Gott bewahre uns vor dieser Konstellation und führe bitte diesen Parteien den Wählerwillen in die Köpfe zurück. Der Souverän, das

Volk hat entschieden, die CDU mit A. Merkel an der Spitze soll in den nächsten Jahren die Deutsche Politik im In- und Ausland vertreten. Dazu benötigt sie einen Partner um die Politik verlässlich umsetzen zu können. Das ist von den Stimmanteilen her ganz deutlich die SPD.
Daran sollten sich alle halten und sich nicht an irgendwelchen machtorientierten Spielchen hoch ziehen!

Tag 3 nach der Wahl

Der parteipolitische Tsunami ist durch. Die FDP in Gänze aus dem Bundestag, die dazugehörigen Rücktritte und die Hoffnung aus Messias C. Lindner. Habe ich übrigens schon vor seinem Neuanfang in NRW beschrieben. In der Folge, nur einen Tag später haben sich auch die Spitzen-Grünen verabschiedet. Rücktritte von Roth, Özdemir, Kühnast und Trittin. Man darf gespannt sein, inwieweit das alles Hollywood ist und die Eine oder der Andere mit neuen Führungsansprüchen auftaucht?

Große Feierstunde bei der SPD, alles lacht und ist frohgelaunt, Steinmeier weiterhin Fraktionsführer. Ich frage mich nur, wie man so fröhlich das zweitschlechteste Wahlergebnis nach Gründung der Bundesrepublik hinnehmen kann. Scheinbar keinerlei innerparteiliche

Konsequenzen aus diesem Wahldebakel. Alles Friede, Freude Eierkuchen, es sei denn ich habe nur noch Plan B im Kopf!
Letztendlich gibt es doch eine große Koalition, der gerade bestätigte Fraktionschef Steinmeier wird erneut Außenminister und auf seinen Fraktionsplatz kommt Steinbrück.

Die einzigen bei denen alles ohne großes Aufsehen abgeht, scheinen die Linken zu sein. Im Wahlkampf zugelegt, die Grünen überholt damit drittstärkste Kraft im Bundestag mit 8,5% der Stimmen.
Folgt man den Mediendarstellungen im Verlauf des Tages ist es zum Kotzen zu sehen, wie die unterlegenen Parteien um Posten, Positionen und anderem schachern. Egal ob SPD, Grüne oder Linke, keine dieser Parteien interessiert anscheinend der Wählerwille, welchen sie vor der Wahl immer in den Vordergrund geschoben haben. Diese Form von Demokratie ist unerträglich Herr Gabriel, folgen Sie endlich dem Wählerwillen und beginnen sie zügige und sachliche Koalitionsgespräche mit Frau Merkel!

Donnerstag der 4. Tag danach

Ich habe in meinen gut 50 Jahren wahrgenommener Politik und unzähligen Wahlen, ein solches Parteienverhalten noch nicht erlebt. In den Parteien hinter den Kulissen ist ein Postengeschacher in vollem Gange. Das bezieht sich nicht nur auf die Parteiposten, nein auch auf die Posten im Falle einer Regierungsbeteiligung. Das aber von Tag zu Tag die Regierungsangst oder soll ich lieber Unlust sagen, bei Grünen und SPD zunimmt, habe ich so noch nie empfinden können. Beide Parteien sind doch Machtgierig und haben sich immer dann, wenn es um Regierungsbeteiligungen ging in den Vordergrund geschoben. Völlig einmalig schieben sich die beiden nun gegenseitig den Ball zu und sagen „mach´s du doch mit Frau Merkel"

Klare Kante zum Wählerauftrag, Fehlanzeige!

Vor allen Dingen wenn ich in der Haut der SPD stecken würde. Das schlechteste was der Partei passieren kann, sind Neuwahlen. Grüne und SPD weiter abgestraft die FDP wieder drin und alles beim alten. Mit einem Unterschied, die Millionen teuren Neuwahlen gingen zu Lasten dieser beiden Parteien, weil sie sich als Juniorpartner zu schade waren!
Wie heute Morgen im Focus zu lesen ist, muss die Kanzlerin bei der Suche nach einem Koalitionspartner Zugeständnisse machen. Hier wird

von einer Anhebung des Spitzensteuersatzes auf 49% gesprochen und gleichzeitig der CDU ein Bruch eines Wahlversprechens untergejubelt. Liebe Leute, die die eigentlich gar nichts zu melden haben drangsalieren doch die Kanzlerin damit diese für Deutschland ein haltbares Bündnis schmiedet. Aber Vorsicht, machen sie doch Rot/Rot/Grün haben die ihre Versprechen gebrochen. A. Merkel aber kann auch sagen „l. m. a. A.", ich lass es auf Neuwahlen ankommen. Dann allerdings höre ich heute schon das Gejammere von Rot und Grün.

Am 5. Tag die Focus-Geschichte

Sehr geehrte Frau Sandra Tjong, Redakteurin beim Focus Online. Glauben Sie nicht, dass es am 5. Tag nach der Wahl etwas zu früh ist, die Bundeskanzlerin als Wahllügnerin und Umfallerin zu bezeichnen. Es ist noch nicht ein offizielles Wort zu Koalitionsverhandlungen gesprochen worden. Sie springen auf den von der BILD lancierten Ausdruck der Steuererhöhung an, als wäre dieses schon beschlossene Sache.
Es ist doch in Ihrem wie in meinem Sinne, eine möglichst stabile Regierung im Sinne des Wählerwillens zu bilden. Dazu gehört bei späteren Verhandlungen mit dem einen oder anderen Partner

Kompromissbereitschaft. Das was Sie mit ihrem Artikel lostreten finde ich äußerst vorwitzig. Ich würde Ihnen empfehlen, dieses Thema noch einmal, dann aber auf der Basis von Fakten, nach Abschluss der Koalitionsverhandlungen aufzugreifen.

Eventuell haben Sie ja dann Glück und finden noch viel mehr Wahllügner und Umfaller!

Tag 6 danach

Nun ging es doch ganz schnell, dass der innere Kern der SPD sagt, wir suchen Sondierungsgespräche. Sie sagen auch, dass letztlich eine Mitgliedermehrheit darüber entscheiden soll in eine große Koalition als Juniorpartner ein zu steigen.

Aus den führenden Medien entnehme ich aber grundsätzlich nur eine Formulierung – wir wollen -, dass scheint mir dann doch sehr überspitzt. Rund ein Viertel aller Wähler wollten, dass die SPD mitregieren darf und die Betonung ist bei „DÜRFEN" und nicht wir wollen. Aber leider ist es schon seit langem ein Unsitte der SPD zu denken, sie hätten auch bei schlechten Wahlergebnissen, die Machtoption. Besser wäre es den Wählerwillen zu akzeptieren und die nächsten 4 Jahre mit und unter A. Merkel eine solide Politik für unser Land zu gestalten, anstatt mit Machtoptionen (CDU 41,5 / SPD 25,7) zu spielen. Zwischen diesen beiden Wahlergebnissen liegt beinahe die gesamte Wählerschaft der Grünen und der Linken, nie vergessen Herr Gabriel!

Nach einer Woche!

Der Blätterwald rauscht nicht nur er, kündigt einen Sturm an. Wenn ich heute in verschiedenen Medien lese, was die SPD so alles nach Zustandekommen einer großen Koalition fordert, frage ich mich halt wo mehr Berlusconis sind, in der SPD oder in Italien.

Eine Partei die nur etwas mehr Stimmen bekam, alles in allem aber nur wenig mehr als die Hälfte des Siegers, stellt Forderungen als wenn die Wählerschaft sie zur nächsten Regierung gewählt hätte. Unmöglich!

Familiengeld abschaffen, Steuererhöhung und 6 Ministerien, wer hat hier eigentlich die Wahl gewonnen? SPD übertreibt es nicht, sonst findet ihr euch als Opposition wieder und die Kanzlerin versucht doch mal Schwarz/Grün.

Noch ist diese Woche nicht zu Ende und der Blätterwald findet immer Neues. In mehreren Medien übereinstimmend nun auch Frank-Walter Steinmeier und seine Doktorarbeit unter Plagiatsverdacht.

Ob diese Meldung bis nach der Wahl zurück gehalten wurde oder wirklich ganz frisch ist weiß niemand so richtig. Tatsache aber ist, nun auch ein ranghoher SPD Politiker. Ich bin gespannt, ob nun auch die Rücktrittrufe aus der eigenen Partei schnell und präzise, wie bei allen anderen bisher angestimmt werden. Wohl nicht, wie ich glaube. Es wird aber interessant sein dieses weiter zu verfolgen!

30. September

Die SPD und die Grünen bringen sich in Stellung um für kommende Gespräche gerüstet zu sein. Eine unnötig durch die Medien hervorgerufene Steuererhöhungsdebatte behindert sicherlich CDU und SPD in ihrem Bemühen zu einer Koalition zu kommen. Seehofer sagt, mit der CSU keine Steuererhöhung und das ist ein Pfund, das auch Frau Kraft schlucken muss.

Keiner hat was gegen Selbstvertrauen, aber man muss auch die deutliche Wahlniederlage anerkennen.

Zum Fall Steinmeier habe ich weder Oppermann, noch Nahles oder Gabriel gehört. In den eigenen Reihen hat man halt Zeit. Warten wir heute weitere Nachrichten ab. Bis dahin!

OKTOBER

01. Oktober

Die BILD kann es nicht lassen. Nach wie vor versucht sie einseitig in das politische Geschehen einzugreifen. Heute lassen sie Politiker Versprechen, gemeint ist natürlich die CDU/CSU bezüglich der Steuererhöhungen, in Stein meißeln. Weit weg von ihrem eigentlichen Auftrag betreibt die BILD wieder einmal Kaffeesatz-Leserei und will damit ihre Klientel beeinflussen. Steuererhöhungen wollen sowohl die SPD als auch die Grünen. Wenn diese beiden Parteien sich wegen diesem Punkt einer eventuellen Koalition verschließen, dann haben nicht Politiker ihr Wort gebrochen, sondern sind schlichtweg von anderen Politikern erpresst worden. Das aber liebe BILD wollt ihr nicht in diesen Stein meißeln lassen, oder?

Kurz erst gibt es ein Buch „ Gauck – Eine Biographie" von Autor Mario Frank. In einem mit der Focus-Redakteurin Martina Fietz geführten Gespräch fallen mir besonders zwei Dinge ins Auge:
Zum ersten die Feststellung, dass die frühere Lebensgefährtin des Bundespräsidenten, Helga Hirsch, heute als seine Beraterin fungiert. Liebe SPD da lohnt sich schon einmal (Bayern-Amigo) eine genauere

Nachfrage.

Zum zweiten stellt der Autor nach Einsicht in die gesamte Stasi-Akte fest, Gauck sei eher ein Opfer als ein Täter. Dann aber frage ich mich, wieso seine häufigen West-Besuche und die seiner Söhne genehmigt wurden?

02. Oktober

Bis auf die drohende Staatspleite der Vereinigten Staaten gibt es aus der großen Politik nichts Neues.

Aus der kleinen, der innerdeutschen Politik, sehr wohl. Da verlässt ein Brief die Staatskanzlei von Rheinland-Pfalz, Gerichtet an die Bundeskanzlerin und gezeichnet von Malu Dreyer, der SPD Ministerpräsidentin des Landes. Knapp 10 grammatikalische Fehler zieren das Schreiben.

Dürfen so gravierende handwerkliche Fehler in einer Staatskanzlei geschehen. Ich glaube nicht. Schaut in die Online-Ausgabe der „Welt" dort findet ihr alles dazu.

03. Oktober Tag der deutschen Einheit

Die SPD Basis probt den Aufstand. Immer mehr von den 472.469 Mitgliedern der Partei, stellen sich gegen eine große Koalition. Viele von ihnen meinen, Rot/Rot/Grün hätte einen Regierungsauftrag erhalten weil sie die Mehrheit der Stimmen haben.

Liebe SPD Mitglieder in den Ortsverbänden und Landesverbänden, wenn weder Eure Vorstände noch die Spitzenpolitiker Euch klar machen können, dass viele Millionen Wähler anders entschieden haben, dann strengt Euch doch mal selbst an und schaut über den Tellerrand hinaus. Hier geht es nicht um die Befindlichkeiten Eurer Partei, sondern um ein demokratisches Wahlergebnis. Die Hinweise auf die Mehrheiten im Bundesrat zeigen dem Beobachter ganz deutlich: die SPD Basis will zu einem großen Teil nicht gestalten sondern verhindern, traurig oder?

The day after

Im Blätterwald bewegt sich wieder was. Zunächst wird bekannt, dass bei dem Prozess gegen den früheren Bundespräsidenten Wulff, wegen angeblicher Vorteilsnahme von knapp 800 Euro, 45 Zeugen geladen sind. Um das zu klären sind 22 Verhandlungstage angesetzt und die Prozesskosten werden ein vielfaches der zu verhandelnden Summe ergeben, die natürlich bei einem Freispruch, den ich erwarte, der Steuerzahler berappen muss. Diese Justiz in Niedersachsen macht sich einfach nur lächerlich.

Die Dunkelroten versuchen schnell noch durch die Hintertür zwei Gesetzte mit der Rot/Rot/Grünen Mehrheit im Parlament durchzubringen.

Bei heute anstehenden ersten Sondierungsgesprächen sollte die SPD nicht übersehen, dass im Falle eines Schwarz/Grünen Regierungsbündnisses auch die Mehrheiten im Bundesrat verschoben werden. Es wird Zeit, dass die SPD von ihrem hohen Ross runterkommt und nicht immer nur auf die eigenen parteilichen Befindlichkeiten achtet. Ihr seid nicht als gleichberechtigter Partner zu CDU/CSU gewählt, sondern ihr seid aufgerufen mit diesen beiden eine stabile und handlungsfähige Regierung zu konstruieren. Nicht immer nur Frau Merkel.

05. Oktober

Stille bei den Linken, bis heute!

Über Focus Online wurde heute bekannt, was sicherlich einige wussten, allen voran aber Gregor Gysi. Die Geschäftsführerin der Bundestagsfraktion der Linken Ruth Kampa war offensichtlich eine hochrangige

Stasi-Spionin. Die IM „Sonja Richter" und später IM „Ruth Reimann" vereinen in sich die Person der Ruth Kampa.

Das offenbart aber zugleich einige Schwächen unseres Landes und den viel zu laschen Umgang mit dem Ex-Unrechtsstaat der DDR. Nur so konnte es vorkommen, dass eine so hochrangige DDR Spionin erst jetzt enttarnt werden konnte.

Dieses Absurdum zeigt uns aber, es bleibt noch viel zu tun, Wachsamkeit ist nach wie vor angebracht. Nur eines sollten wir auf keinen Fall tun – die Linken, wo auch immer, in Regierungsarbeit einzubinden!

06. Oktober

Zwei Dinge fallen heute besonders auf. Nach dem gestern gemeldet wurde, dass bei der Linken, in deren Bundestagsfraktion eine Spitzen-Spionin der ehemaligen DDR seit Jahren beschäftigt ist, hält es anscheinend den Hessischen SPD Spitzenmann Schäfer-Gümbel nicht davon ab, mit dem Gedanken Rot/Dunkelrot/Grün zu spielen. Seiner Ansicht nach habe die SPD einen klaren Regierungswechsel als Auftrag bekommen. Ich frage mich nur wo, in Fantasialand?

In Hessen reicht es weder für Schwarz/Gelb noch für Rot/Grün.

Auf Bundesebene, liebe BILD Zeitung, muss der Stein der Wahlversprechen hinsichtlich der Steuerfrage wohl umgeschrieben werden. Nicht die CDU weicht ab, sondern die SPD sagt, Steuererhöhungen wären kein Selbstzweck und sie würden unter bestimmten Voraussetzungen darauf verzichten. Alle sprechen von einer harmonischen konstruktiven Begegnung. Einzig Steinbrück und Kraft passten nicht so recht ins Bild. Nach der nächsten Runde am 14. Oktober wissen wir mehr!

07. Oktober

Stegner und Kahrs, zwei SPD Politiker in der Tradition.
Hierbei bezieht sich die Tradition auf die traditionellen schwächen der SPD in der Mathematik. Meine Herren, was haben sie an 25,7 zu 41,6 nicht verstanden, dass sie von Augenhöhe reden?
Was haben sie mit ihrem Postengeschachere zum jetzigen Zeitpunkt an den Worten ihres Parteichefs Gabriel nicht verstanden?
Haben sie überhaupt etwas an diesem Wahlausgang verstanden?
So wie sie heute in BILD online zitiert werden, scheint mir die Politik eine zu schwierige Aufgabe für sie zu sein. Ein bisschen mehr Achtung vor dem Wählerwillen würde ihnen sicherlich besser stehen. In der Lage der SPD kann man etwas verhandeln aber keinesfalls fordern, wie sie es tun!

Nachsatz:

Der Nobelpreis für Medizin geht in diesem Jahr an die US-Amerikaner James Rothman und Randy Schekman sowie den Deutschen Thomas Südhof.

08. Oktober

Kalte Progression ist dafür verantwortlich, das ein Arbeitnehmer durch eine Lohnerhöhung 3,5 % mehr Lohn erhält, er dadurch aber in eine andere Steuereinteilung kommt und bis zu 7,5% mehr Steuern zahlen muss. An diesem Teil erkennt man die Doppelzüngigkeit der Gewerkschaften und der SPD. Was helfen die schönsten Lohnerhöhungen, wenn einem das Geld dann hintenrum wieder aus der Tasche gezogen wird. Die CDU sagt in ihrem Wahl- und Regierungsprogramm:

Wir wollen, dass Lohnerhöhungen, die dem Ausgleich von Preissteigerungen dienen, nicht mehr automatisch von einem höheren Steuertarif aufgezehrt werden. Mit der Abmilderung dieser sogenannten kalten Progression schaffen wir mehr Leistungsgerechtigkeit und helfen gerade Menschen mit kleinen und mittleren Einkommen.

Warum sträubt sich die SPD so vehement dagegen? Diese Partei will doch auch, das kleine und mittlere Einkommen entlastet werden? Es sollte ein wichtiger Punkt bei anstehenden Koalitionsverhandlungen sein.

09. Oktober

Zwei Entscheidende Rückzüge für Deutschland

Zum ersten in der Außenpolitik. Das deutsche Feldlager in Kundus (Afghanistan) wird in wenigen Tagen keine deutschen Soldaten mehr beherbergen. Die kommen zurück. Das ist gut so.

Zum zweiten, die FDP räumt nach 62 Jahren ihre Fraktionsräume im Bundestag. Das aber ist nicht gut so. Ich möchte der Partei und Herrn Lindner noch ans Herz legen: Denkt bitte daran, dass einige bewegliche Sachen aus den Fraktionsräumen eine neue Bestimmung bei Orts- oder Landesverbänden finden könnten.

Ansonsten viel Glück und Geschick beim Wiederaufbau der Partei. Im übrigen bin ich fest davon überzeugt, dass sie bei der nächsten Bundestagswahl wieder im Parlament vertreten sein werden.

10. Oktober

Stern Enthüllungsjournalismus?

Seit gestern weiß alle Welt, dass Bushido nur ein armes Schwein ist und eigentlich überhaupt nichts zu melden hat. So hat es der Ex-Freund und Rapper Kay One im Fernsehen beschrieben.

Mit anderen Worten, Bushido ist nur eine Marionette eines bekannten Berliner Clans, der mehrfach durch Straftaten aufgefallen ist. Es bleibt abzuwarten, wie die Sache sich entwickeln wird. Bushido ist für seine seltsamen Werbestrategien nicht unbekannt.

Der Staat nimmt die Anschuldigungen von Kay One jedenfalls so ernst, das ihm 5 Personenschützer zur Seite gestellt wurden. Wobei ich mir vorstellen kann, das die Entflechtung der Geschäfte dieses Berliner Clans für die Polizei sehr interessant sein dürfte.

11. Oktober

Gerichtsbarkeit

Das Landessozialgericht in NRW fällt unter dem AZ.: (L 19 AS 129/13) ein Urteil, welches aufhorchen lässt.

In diesem Urteil sagt das Gericht, das EU-Ausländer die schon lange hier leben, Anspruch auf Hartz IV haben. Vorausgesetzt sie dürfen Arbeiten und finden aber keine Arbeit. Die BILD spricht von rund

130.000 Personen die davon profitieren könnten. Nicht genau definiert ist allerdings der zeitliche Begriff „lange", wer schon lange hier lebt. Ich glaube, das dieses Urteil noch für viel politischen Sprengstoff sorgen wird.

12. Oktober

Berliner Politikblüten.

Ein geheimes Spitzentreffen von Merkel, Seehofer und Gabriel gibt es nicht, sagte die SPD-Generalin Nahles, auch CDU Gröhe wusste nichts davon. Da fragt man sich was die drei gestern im Kanzleramt machten, als sie sich zufällig trafen! Murmelspiele? Glaube ich eher nicht.
Eine weitere Überraschung legten die Grünen hin. Es gibt eine Zweitauflage von Sondierungsgesprächen und sie wollen unmittelbar nach den Gesprächen am Dienstag eine Entscheidung bekannt geben.

13. Oktober

Schwabenstreich:

Im Grün/Rot regierten Musterländle brechen linke Demonstranten Recht und Ordnung. Zu relativ schweren Ausschreitungen mit verletzten Polizisten kam es in der Schwäbischen Provinz, in Göppingen. Nun ist es ja sehr verständlich wenn sich Widerstand zur

rechten Szene bildet, nur muss dieser aber auch ohne Gewalttätigkeiten und Körperverletzungen auskommen. Schon gar nicht geht es, dass diese „Demonstranten" die Polizei angreift, die nur ihre Pflicht tut.
Ich kann mir nicht vorstellen, das Baden-Württemberg sich den guten Ruf der Schwaben, durch solch hirnverbrannte Randalierer kaputt machen lässt.

14. Oktober

Irland hat es geschafft

Eine Meldung von Focus Money online vom gestrigen Tage lässt mich aufhorchen. Da sagt Irland wir verlassen zum Jahresende den Euro-Rettungsschirm. Was bedeutet, sie haben ihre Staatsfinanzen wieder soweit im Griff, das sie künftig keine neuen Kredite aus der Euro-Rettung mehr benötigen. Sie sind die Ersten.

Man denkt darüber nach, dem Land als Sicherheit noch eine gewisse Bürgschaft an die Hand zu geben. Was aber für mich das wichtigste ist: Die europäisch harte Linie der Kanzlerin hat sich durchgesetzt und es hat sich gezeigt das die knallharte Sparlinie die richtige war! Was für mich weiterhin sehr wichtig ist, diese Meldung müsste die AfD Freunde zum überlegen bringen und sie eigentlich von einer Wahl dieser Partei abbringen und das wäre gut so!

15. Oktober

CDU und SPD Sondieren bis in den Dienstag.

Der Medienwald berichtet übereinstimmend über schwierige und zum Teil harte Sondierungen zwischen den Parteien. Mehrmals wurde unterbrochen um die Gemüter wieder in den Normalzustand zu bringen. Wie nicht anders zu erwarten, bargen die Themen „Steuer" und „Mindestlohn" am meisten Sprengstoff. So wird im Konsens berichtet, dass kurzzeitig Frau Kraft (SPD) und Herr Dobrindt (CSU) hart aneinander gerieten.

Deutlicher skizziert wurden Übereinstimmungen und Abdriftungen. Sicher ist, die Parteispitzen haben sich ein drittes Mal am Donnerstag verabredet. Jetzt heißt es erst einmal die zweiten Sondierungen von CDU und Grünen abzuwarten. Heute Abend wissen wir eventuell schon mehr.

16. Oktober

Schwarz/Grün vom Tisch!

Seit heute Morgen wissen wir, es wird keine CDU/Grüne Regierung geben. Die Grünen gaben bekannt, dass es nicht zu weiteren Sondierungsgesprächen und schon gar nicht zu Koalitionsverhandlungen kommen wird. Özdemir bestätigte aber den sehr ernsthaften Charakter der Gespräche und meinte sogar, Seehofer war teilweise sogar zum Brückenbauer geworden.

Zu groß die Differenzen zwischen beiden Parteien. Vor allem aber blieb die Union im Punkt Mindestlohn hart. Wie die Grünen übereinstimmend betonten, gab es etliche Überraschungen. Seehofer meinte sogar am Ende, es gäbe keine unüberwindbaren Punkte mehr. Die erzielten Übereinstimmungen seien aber noch nicht für eine Legislaturperiode haltbar. Wobei die Betonung auf „noch nicht" lag. Nun also wird Frau Roth als stellvertretende Bundestagspräsidentin benannt und eine mögliche Option nach der Wahl ist gescheitert.

Mit der SPD hingegen will die CDU schon am Donnerstag weitere Gespräche führen.

17. Oktober

Die 3. Sondierungsgespräche mit der SPD

Vor dieser Runde ein paar eigene Gedanken zum Scheitern mit den Grünen und deren seltsames Verhalten bezüglich einer Hintertür. Diese macht-orientierte Partei stellt fest, es gibt keine haltbaren Übereinstimmungen mit der CDU und deswegen begibt sie sich, als kleinster Teil im Bundestag, in die Opposition. Bedeutet Gysi und die Linken sind die Oppositionsführer. Ich kann es mir nicht so richtig vorstellen.

Eher glaube ich, dass da irgendwo im ganz geheimen an Rot/Rot/Grün gearbeitet wird. Unter bestimmten Voraussetzungen will sich Seehofer dem Mindestlohn annähern. Er ist aber nicht der Kanzler und die SPD steckt doch in der Zwickmühle. Sie wissen genau, entweder stimmt die Basis zu, wonach es im Moment nicht unbedingt aussieht, oder die SPD muss sich von der großen Koalition verabschieden.

Dann aber könnte nochmal Schwarz/Grün ins Rennen gehen. Wenn, ja wenn bis dahin nicht Rot/Rot/Grün ausgehandelt sein sollte. Ich glaube wir haben noch ein paar spannende Wochen vor uns!

CDU/SPD Parteispitzen einig

Donnerstag Nachmittag verkünden CDU und SPD, dass sie ihren Parteigremien Koalitionsverhandlungen vorschlagen wollen.

18. Oktober

In den Medien beginnen schon wieder die Spekulationen um Ministerposten. So liest man unter anderem, die SPD beanspruche die Schlüsselministerien Finanzen und Arbeit. Davor kann ich nur warnen. Die aufwendigsten Steuerverschwender sind SPD regierte Länder. Man denke mit Grausen nur an Berlin und Brandenburg (Flughafen BER), so viele Steuermilliarden wurden noch nirgendwo anders verpulvert.

Warum kann es nicht so sein, das die scheidenden Minister der FDP durch das Personal der SPD ersetzt werden. Damit hätten sie ja unter anderem das Außenressort, die Gesundheit (keinesfalls Lauterbach) und das Wirtschaftsministerium. Ist das Nichts?

Also eventuell liest der Eine oder Andere das und findet das auch eine gute Idee.

19. Oktober

Bundesparteitag der Grünen in Berlin !

Da gehen sie hin, die Wahlverlierer. Ob Trittin, Roth, Kühnast, Göring-Eckardt, Özdemir oder wie sie alle heißen. Keiner ist Schuld am Wahldebakel der Grünen und eine konkrete Aufbereitung der vergangenen Zeit, auch über die Pädophilen der Partei habe ich bisher vermisst..

Aber halt, zwei Hauptfiguren verlassen die Bühne doch noch nicht. Zum einen wird ja Göring-Eckardt Fraktionsvorsitzende und Özdemir stellt sich ungeachtet der Tatsachen wieder zur Wahl des Vorsitzenden.

Bis jetzt zeigt uns dieser Parteitag, dass die Grünen nichts aber auch gar nichts gelernt haben. Schuld am Debakel ist nicht die Partei sondern die anderen und zu allem Überdruss fordert die neue

Fraktionsvorsitzende nun auch noch die Führungsrolle in der Opposition, obwohl sie mit ihrer Partei einen Sitz weniger als die Linke im Plenum hat.

Ich glaube es gibt morgen Abend noch einiges zu bestaunen.

20. Oktober

Die Spitzenwahl der Grünen ist gelaufen. Neben Özdemir nun Simone Peter als Co-Vorsitzende. Der alte und neue Vorsitzende musste eine Kopfnuss fressen und kam nur knapp über 70% der Stimmen bei seiner Wahl. Dadurch ist für mich eine respektable und ernsthafte Aufarbeitung beerdigt, obwohl man die Trennung von der SPD vollzogen hat. Andersherum zeigt die Wiederwahl von Özdemir die personellen Schwächen der Partei.

Nun zu den bevorstehenden Koalitionsverhandlungen von CDU und SPD. Die Union wird es wohl schaffen den Roten die Steuererhöhungen auszureden. Aber da steht von der anderen Seite der Mindestlohn von 8,50 € im Raum. Hierzu meine eigene Betrachtung. Im ersten Moment könnte man denken, die SPD will die Gewerkschaften überflüssig machen. Bei genauerem Hinsehen entpuppt sich diese Forderung als Stützungsmaßnahme für die unfähigen Gewerkschaftsbosse Sommer (DGB) und Bsirske (Verdi) an vorderster Front. Die so hoch gepriesene Tarifautonomie konnten die Gewerkschaften nicht umsetzen. Dabei frage ich mich natürlich, warum die Aufregung der SPD über die Quandt-Spende an die CDU und dem Zusammenhang mit der Autobranche und das Verhalten des Ministers in Europa. Im Bezug auf Mindestlohn leistet doch die SPD enorme Lobbytätigkeit für ihre Stammwähler, die Gewerkschaftsmitglieder. Schauen wir mal!

21. Oktober

SPD Datenfluss und seltsame Entscheidungen!

Zunächst hat der Parteivorsitzende S. Gabriel gewonnen. Der gestrige Parteikonvent hat mit 85% der Aufnahme von Koalitionsverhandlungen mit der CDU/CSU zugestimmt. Obwohl wir die große Koalition eigentlich gar nicht wollen, sagt die Basis. Dafür sind weit über 80% aber sehr viel!

Das sind halt die seltsamen Ansichten der SPD. Viele Wege führen nach Rom, sagt ein altes Sprichwort. Die neueste Technik belegt, auch viele Wege streng Geheimes in die Öffentlichkeit zu tragen gibt es. So geschehen auf dem SPD Konvent am Sonntag in Berlin.

Am Rande noch etwas anderes. Hallo Springergruppe, speziell BZ Berlin, lasst doch endlich die Wulffs in Ruhe. Es interessiert außer

Euch doch keinen Menschen mehr, ob B. Wulff über den Witz eines Pastors lacht.

22. Oktober

Zum x-ten Male der Flughafen BER und Berlin!

Nun wird es interessant in Berlin. Nach dem Rückzug von Platzeck muss also wieder ein neuer Chef ran. Um diesen Posten bemüht sich verstärkt Berlins Oberbürgermeister Wowereit. Er war es ja schon einmal und in der Zwischenzeit geht man von Gesamtkosten in Höhe von 5 Milliarden Euro aus, welche er mit zu verantworten hat!

Wobei dies Zahl keine Neuigkeit ist. In einem meiner Blogs lange vor der Bundestagswahl habe ich diese Zahl bereits benannt.

Nun aber zurück um Wowereits Werben um den vakanten Chefsessel und dem strikten Nein seiner Regierungskollegen aus Kreisen der CDU. Nach Worten von Kai Wegner stellt sich die CDU auf diesem Posten einen echten Fachmann, oder ersatzweise wie es die IHK Berlin benennt, ein Bundes- oder Landesminister vor.

Die Frage wird sein, ob sich diese Rot/Schwarzen Grabenkämpfe auf ein mögliches Verhalten der Parteien im Bund, zur Koalitionsfindung auswirken kann?

23. Oktober

Konstituierende Sitzung des 18. Deutschen Bundestages

Zu den ersten Aufgaben bei dieser Sitzung gehört die Wahl des Bundestagspräsidenten und seiner Stellvertreter. Glückwunsch an den Alten und Neuen. Norbert Lammert wurde mit fast 95% aller Stimmen zum dritten Mal in dieses Amt gewählt. Für die erste Unstimmigkeit der neuen Regierungszeit sorgt wieder einmal die SPD mit ihrer Forderung nach einem zweiten Vizepräsidenten. Nun hat der Chef 6 Stellvertreter, wobei nur 4 Fraktionen im Bundestag vorhanden sind. Reicht nicht ein Vize pro Fraktion?

Könnte man damit doch über die Legislaturperiode dem Steuerzahler eine runde Million Euro ersparen. Nichts da, die SPD hat doch das Geld und notfalls wird weiter verschuldet! Liebe Parteien, wie wollt ihr mit solch einer „Geldverschwendung" den Wähler auf „Sparkurs" bringen. Da müsst ihr euch nicht wundern wenn die Politikverdrossenheit ständig zunimmt.

24. Oktober

Schon wieder dieser unsägliche Flughafen!

Nach der gestrigen Sitzung des Aufsichtsrates, geleitet durch den jetzigen und künftigen Stellvertreter Wowereit, zeigen die Verantwortlichen aller Welt ihre Dummheit.

Der bisherige Technikchef H. Amann,, ein Bauing., der einen Großteil der 70.000 Schäden aufgedeckt hat, verliert seinen Posten. Der Schaumschläger H. Mehdorn, ohne jegliche Bauerfahrung, bleibt im Amt und wird mit seinen lächerlichen Ideen dafür sorgen, das dieser Flughafen im negativen Sinne, nie aus der Weltöffentlichkeit verschwinden wird, dafür aber immer teurer werden wird.

Da man sich einen offiziellen Rausschmiss von Amann, finanziell und auch vor der Öffentlichkeit, nicht leisten kann, wird er mit gleichen Bezügen zum Chef der Flughafen Energie und Wasser GmbH gemacht. Was ist das nur für ein lächerlicher Haufen dort in Berlin und Brandenburg, die dieses Milliardengrab auch noch schön reden. Ich hoffe nur, der CDU gelingt es einen SPD Politiker oder gar Mehdorn vom Platz des Aufsichtsratsvorsitzenden fern zu halten!

25. Oktober

Abhörskandal überschattet alles!

Gewisse Verdachtsmomente lassen darauf schließen dass 35 Regierungschefs, darunter auch Kanzlerin Merkel durch die NSA überwacht und abgehört wurden. Ich finde es höchst bedenklich, wenn bereits im Vorfeld eine Deutsch/Amerikanische Freundschaft als schwer beschädigt dargestellt wird. Gebt allen Beteiligten die Möglichkeit eine weitgehende Aufklärung zu betreiben.

Für mich viel wichtiger, der Kampf um den flächendeckenden Mindestlohn in Vorbereitung zur großen Koalition. Für mich ist absolut nicht nachvollziehbar, dass sich die SPD den Fachleuten und Wirtschaftsverbänden sowie den neuen Bundesländern entgegen nach wie vor diesen Mindestlohn in Gleichheit für Alte und Neue Bundesländer fordert. Von allen Seiten wird dieser Partei erklärt das Mindestlohn in dieser Höhe im Osten Arbeitsplätze vernichten wird und zwar wesentlich mehr als in den alten Bundesländern. Warum nur will diese Partei die bessere Gewerkschaft sein? Weil sie ihren Wählern ein wirtschaftlich nicht durchdachtes Konzept versprochen hat müssen am Ende alle darunter leiden. Das kann und darf nicht sein!

26. Oktober

Die **Zeitumstellung** (Winterzeit) steht an!
Die politische Ebene in Deutschland bezüglich der Regierungsfindungen ist relativ ruhig, da viele Arbeitsgruppen am Werk sind. Dies

trifft auf den Bund als auch auf Hessen zu. Die übrigens haben schon zwei Rot/Rot/Grüne Sondierungsgespräche hinter sich.

Die NSA-Beschnüffelung wird erst einmal aufgearbeitet. Der Druck auf Obama ist ungleich höher als jener, der auf der Kanzlerin liegt.

Was bleibt uns heute wichtiges: Die Zeitumstellung. In der Nacht werden die Uhren eine Stunde zurück gestellt! Gespannt darf man sein ob sich Spanien demnächst an den englischen Zeiten orientieren wird.

27. Oktober

Nochmal zum Abhören

Die Opposition und an deren Spitze SPD Oppermann fordern die Vernehmung von Edward Snowden. Aus manchen Berichterstattungen geht hervor man müsse ihn vorladen! Ist ja auch kein Problem einen Menschen nach Deutschland zu bringen der weder der deutschen Justiz unterliegt, noch wegen irgendwelcher Straftat in unserem Lande gesucht wird.

Da heißt es, man müsse ihm Asyl gewähren, will er doch gar nicht, sonst hätte er es schon lange beantragt. Nun stellt sich mir die interessante Frage, welche Handynummer in seinen Unterlagen gespeichert sei. Ist es das Partei-Handy der Kanzlerin, die dieses in weiser Voraussicht genutzt hat, oder das Regierungshandy.

Dieses aber, so die deutschen Sicherheitsbehörden sei Abhörsicher. Warten wir einmal ab, was die weitere Aufklärung ergibt.

28. Oktober

Fußball-Fan Chaoten sind auch ein Politikum!

Die Ereignisse vom Wochenende auf Schalke und auch bei Cottbus dürfen uns nicht ruhen lassen. Der ewige Ruf nach Polizei in den Stadien kann dieses Problem nicht lösen. Grundsätzlich beginnt alles bei der Einlasskontrolle. Im Stadion kann nur angezündet, geschossen oder verbrannt werden was vorher hineingebracht wurde. Mit Verwunderung stellt die BILD heute fest, das Frauen solche Sachen im Intimbereich in die Stadien schmuggeln. Wer sich mit Stadionsicherheit befasst, weiß dieses schon seit vielen Jahren.

Um da sorgfältiger kontrollieren zu können, sollte man zukünftig in allen Stadien den Einlass nach Geschlecht trennen. Dabei spielt es auch keine Rolle wie viel mehr Zeit dann gebraucht wird. Der Fußballfan an sich wird das verstehen. Und ich sage voraus, alleine mit dieser Maßnahme werden 30-40% weniger Pyros ins Stadion geschmuggelt. Das ist die eine Seite, auf der anderen müssen die Gerichte viel strenger wegen Landfriedensbruch bis hin zu in Kauf nehmender Tötung verurteilen. Und da haben wir die Politik im Spiel. Den Gesetze werden durch die Politik gemacht.

Nochmal zum Dortmund Spiel, wenn uns das Fernsehen nicht mit zeitversetzten Bildern irritiert hat war die schwarze Welle frühzeitig zu erkennen. Leider aber keine Abwehrmaßnahmen!

29. Oktober

Lettland und der Euro!

Am 01. Januar 2014 tritt Lettland dem Euro-Währungsraum bei. Nach Aussagen des Lettischen Ministerpräsidenten Valdis Dombrovskis müssen sich deutsche Steuerzahler keine Sorgen um diesen Beitritt machen.

Das seit 2009 erste und insgesamt 18. Beitrittsland hat in den letzten Jahren durch strenge Haushaltsführung bewiesen, das man trotz eines 7,5 Milliarden Krediltes die strengen Auflagen zum Beitritt in relativ kurzer Zeit schaffen kann.

In Kiel tritt die Oberbürgermeisterin nun doch freiwillig zurück und in Hessen scheiden sich die Geister von Schwarz/Grün wohl am Flughafen, obwohl es ein drittes Sondierungsgespräch geben wird.

Auf Bundesebene leisten die eingesetzten Arbeitsgruppen enormes und versuchen die Knackpunkte zwischen Schwarz/Rot so gering wie möglich zu halten

Für mich persönlich war eine gute Nachricht, das auf Mallorca die Arbeitslosigkeit deutlich zurück gegangen ist!

30. Oktober

Mütterrente

Die Kassen und Rücklagen der Rentenanstalt sind voll bis zum Rand. Insbesondere die Rücklagen spielen eine wichtige Rolle. Sagt doch der Gesetzgeber: Wenn die Grundsumme in den Rücklagen um das 1,5fache überschritten wird muss der Rentenbeitrag gesenkt werden.
Soweit so gut. Nun sagt aber auch das Grundgesetz, alle Menschen sind gleich. Mit welchem Recht werden dann die Mütter die nach 1992 Kinder bekommen haben, in der Rente, finanziell bevorteilt. Bitte vergesst nicht, dass wir hier auch über eine Generation reden, die im Bezug der Renten sowieso schon schlechter gestellt ist.
Der Vorwurf linke Tasche, rechte Tasche wird in einigen Fällen sicherlich zum Tragen kommen. Bekommt also eine Mutter für ihre vor 1992 geborenen 2 Kinder zwischen 50 und 60 Euro mehr Rente, kann es zutreffen das sie aus der Grundsicherung ausscheidet und der Staat auf diesem Wege wieder eine gewisse Summe einspart. Das aber werden Einzelfälle sein.

31. Oktober

Kennen Sie Prof. Dr. Karl Lauterbach?

Diesem SPD Politiker werden im Falle einer großen Koalition Ambitionen auf das Gesundheitsministerium nach gesagt. In unzähligen Fernsehsendungen wurde aber auch bekannt, dass er nicht eine Stunde als Arzt praktiziert habe.

Nun meldet sich laut BILD seine Ex-Frau Dr. A. Spelsberg zu Wort und ist der Überzeugung, dass ihr Ex nicht die Spur einer moralischen Eignung für ein Ministeramt mitbringt. Sie kämpft öffentlich dafür das er kein solches Amt übernimmt.

Das interessante an dieser Meldung ist einfach der Vorgang an sich. Ich bin nun mittlerweile 66 Jahre alt und habe schon viele Wahlen erlebt, aber einen solchen Vorgang noch nicht!

NOVEMBER

01. November

Ströbele und Snowden!

Wie die Medien übereinstimmend berichten, traf der Bundestagsabgeordnete Ströbele den Geheimdienstenthüller Snowden in Russland. Mitgereist waren ein ARD Team, Georg Mascolo und der für die SZ arbeitende John Goetz.

Das über 3 Stunden dauernde Gespräch brachte Ströbele wohl neue Erkenntnisse und einen Brief für die Bundesregierung von Snowden. Unklar aus der gesamten Berichterstattung ist aber, ob die Journalisten nur Mitgereist sind, oder an dem Gespräch teilnahmen. Sollte letzteres der Fall sein wage ich am Verstand der Politiker zu zweifeln. Eine hochbrisante, geheimdienstliche Ermittlung und in der Runde Journalisten, welche nicht gerade für ihre Zurückhaltung bekannt sind. Es wäre schön, wenn die Politik und nicht die Medien den Verlauf dieses Besuches von Snowden offenlegen würde.

02. November

Snowden soll nach Deutschland?

Lieber Herr Ströbele und liebe Journalisten, unter anderem auch Herr Prantel. Da ist Deutschland dabei entscheiden zu wollen wann, wie und unter welcher Sicherheit Snowden nach Deutschland kommen soll.

Auf welchem Planeten lebt ihr eigentlich, dass ihr alle glaubt da fliegt Ströbele nach Moskau und holt Snowden ab und die Russen gucken zu und lassen die beiden ungehindert ausreisen.

Dieses Glanzstück, wie der Besuch von Ströbele bei Snowden genannt wird, stinkt für mich gen Himmel. Eine äußerst brisante Geheimdienstsache wird dermaßen durch die Öffentlichkeit gejagt, das man sich wirklich fragen muss, was ist daran geheim?

03. November

Ein politisch nicht wichtiger Sonntag!

Bei den Grünen fetzen sich Fischer und Trittin öffentlich, das Urgestein Ströbele meint die Weltpresse geentert zu haben und in Hessen kurbelt man stramm an Rot/Rot7Grün.
Bei der CDU und CSU im Moment nur alte Lieder, so nach dem Motto von Seehofer „ohne Maut keine Koalition".
Bei der SPD arbeitet Gabriel an der Zustimmung der Basis zum Koalitionsvertrag.
Die Linke im Moment sehr zurückhaltend.
Doch eine Neuheit hätte ich noch. Laut Forbes-Liste 2013 ist Obama nicht mehr der mächtigste Mann der Welt. Nun heißt er Putin!

04. November

Wie Mallorca gegen die Arbeitslosigkeit kämpft

Schon jetzt liegt die Ferieninsel mit rund 17% Arbeitslosigkeit gegenüber dem Rest Spaniens gut im Rennen. Durch einen Europäischen Sozialfonds sollen nun weitere 600.000 Euro in diesen Kampf investiert werden.

Eine gute und sinnvolle Idee. Hilfen für unter 30jährige, über 45jährige und dauerhafte Arbeitsverträge sind im Visier. Ich glaube das ein Teil des Geldes für Werbe und andere Strukturen bereit gestellt werden sollte. Gelingt es den Verantwortlichen, Mallorca auch im Winter zu beleben, würden halt nicht mehr 80% aller Hotels zu dieser Jahreszeit schließen. Dadurch gäbe es dauerhaftere und mehr Arbeitsplätze.

Ich habe selbst festgestellt, dass in Deutschland kaum ein Inselbesucher weiß, dass wir hier Anfang November noch deutlich über 20 Grad Wassertemperatur haben. Viele denken, ach jetzt geht es auf den Winter zu, da ist Mallorca zu kalt. Es muss doch aber auch ohne Wasser möglich sein diese schöne Insel über die Wintermonate attraktiver zu gestalten!

05. November

Anfangsverdacht auf Vorteilsannahme und irre IWF Vorstellung!

Auf eine anonyme Anzeige hin hat die Berliner Staatsanwaltschaft ein Ermittlungsverfahren gegen Ex-Kanzleramts-Staatsminister Eckart von Klaeden (CDU) eingeleitet.

Mit anderen Worten, ihm wird vorgeworfen seine Amtszeit in Diensten der Bundesrepublik, zur folgenden Jobsuche genutzt zu haben. Sehr interessant ist dabei, das wieder einmal ein CDU Politiker an den Pranger gestellt wird.

Seine prominenten Vorgänger, die es in wesentlich größerem Stil vormachten (Ex-Kanzler Schröder, SPD und Ex-Außenminister Fischer, Grüne) lachen sich heute ins Fäustchen wenn sie dieses Szenario beobachten.

Wie gestern bekannt wurde, spielt der Internationale Währungsfonds angeblich mit dem Gedanken, wenn alles nichts mehr hilft, soll der deutsche Sparer mit einem Zehntel seines Ersparten gerade stehen.

Es ist in meinen Augen unverantwortlich solche Spekulationen in die Welt zu setzen. Ein verunsicherter EU-Währungsraum, die Angst der Deutschen tatsächlich viel Geld verlieren zu können wird hier in spektakulärem Maße gefördert.

Bis es für ein solches Vorgehen eine rechtliche Grundlage gibt braucht es noch ein paar hundert Jahre!

06. November

Rentenbeiträge und große britische Ohren

Arbeitgeber Präsident Hundt läuft in der BILD Zeitung Sturm gegen die geplante Mütterrente und den Versuch, die Rentenbeiträge nicht wie gesetzlich vorgeschrieben zu senken. CDU und SPD seien sich einig, die Höhe der Rentenbeiträge bei 18,9% zu belassen. Eigentlich müssten sie auf 18,3% gesenkt werden.

Dieser Sturm würde zum Orkan, wenn die benötigten Gelder nicht aus Steuermitteln, sondern aus der Rentenkasse genommen würden.

Lieber Herr Hundt, ihr Aufschrei mag ja berechtigt sein, dass sie aber damit genau die Mütter weiterhin benachteiligen, welche mit ihren Kindern dazu beigetragen haben das Deutschland so stark ist, wie es ist, geht Ihnen anscheinend am A..... vorbei.

Allen Berlinern war knapp 30 Jahre lang klar, dass in einer 4-geteilten-Stadt, abhören und Spionage als Tagwerk gelten. Mit welcher Begründung hätten die „Siegermächte" ihre mehr oder weniger erfolgreichen Grundlagen des Abhörens beseitigen sollen.

Nun wurde bekannt das die britischen Ohren in Berlin nicht kleiner geworden sind und der Botschafter wurde nicht wie der amerikanische - einbestellt - sondern zum Gespräch gebeten. Ich bin mal gespannt wann es die Franzosen oder die Sowjets erwischt, äh wann die erwischt werden!

07. November

Rot/Grün/Rot in Hessen unwahrscheinlich – zweifelhaftes Bankverhalten

So wie es im Moment aussieht, scheitert Rot/Grün/Rot in Hessen wohl an dem Verständnis der Linken für solide Haushaltspolitik. Schwerwiegende Kürzungen bei der öffentlichen Hand, wollen Sie nicht mittragen.

Was ist, wenn eine Banküberweisung am ersten eines Monats auf den Weg gebracht wurde und am 7. des Monats bei der anderen Bank noch nicht gut geschrieben ist. Auf Nachfrage erklärt einem die Bank, man habe für Zahlungen vom 1. und 4. Buchungsschwierigkeiten. Der Bankkunde hat nichts davon, im Gegenteil, er muss auf sein Geld warten. Die Bank aber hat einen enormen Zinsvorteil den sie aber auch nicht an die Kunden weiter gibt.

Wenn man genauer hinschaut, geht es um eine bankinterne

Verschiebung der Kundengelder. Nicht auf dem Weg von der einen zur anderen Bank ist die Buchung hängen geblieben, nein innerhalb einer Bank treten derartig gravierende Buchungsfehler auf. Ich bin gespannt, als Betroffener, ob es eine Entschuldigung der Bank geben wird?

08. November

Neue Steuermilliarden und Berliner Wasser

Die Steuerschätzer gehen davon aus, dass bis 2017 rund 14 Milliarden mehr Steuereinnahmen ins Haus stehen. Für den Bund sollen davon nur rund 1,6 Milliarden bleiben. Die verbleibenden 12,4 fließen in die Länder und Kommunen. Das also, was die SPD schon lange anstrebt. Reicht ihr aber nicht. Sie wollen viel mehr Geld ausgeben als vorhanden ist.

Na und, dann erhöhen wir einfach die Steuern, sagt die SPD. Na Gott sei Dank ist da noch ein gewisser Herr Schäuble der strikt die Vorgaben der CDU – keine Steuererhöhungen – durchsetzt. Damit werden abenteuerliche Finanzierungsmodelle à la SPD, siehe Rückkauf der Wasserbetriebe in Berlin auf Bundesebene hoffentlich verhindert.

Wie jeder weiß, ist Berlin hoch verschuldet, kauft aber nach Senatsbeschluss von gestern die Wasserbetriebe für gute 590 Millionen Euro

zurück. Das Finanzierungskonzept aber ist abenteuerlich. Berlins Finanzsenator sagt, dieser Rückkauf kostet Berlin keinen Pfennig. Und das geht so, die Wasserbetriebe finanzieren sich mit einem Kredit. Die Gewinnanteile die im Moment noch für die Beteiligung von Veolia ausgezahlt werden, können zur Darlehnsrückzahlung genutzt werden. Was wiederum bedeutet, die Berliner Wasserbetriebe gehören für die nächsten 30 Jahre der Bank! Dann müssen noch die Löhne der Angestellten und Betriebskosten übernommen werden und wie bitte schön soll dann das Wasser billiger werden.
Aber so rechnet die SPD!

09. November

Wo man hinsieht Pyromanen!

Im Ringen um eine solide große Koalition gibt es immer wieder an der einen oder anderen Ecke geistige Brandstifter, die einfach nicht begreifen wollen, das eine stabile Regierung bestimmte Voraussetzungen braucht.
Nun kann man diesen Leuten in der Politik natürlich nicht nachsagen, dass sie andere körperlich verletzen.
Das ist das Feld der Idioten, welche Brandstifter beim Sport, speziell beim Fußball sind. Nach 37 Jahren wieder ein Lokalderby in

Niedersachsen, Hannover 96 - Eintracht Braunschweig. Man könnte denken die Fußballfans freuen sich darüber. Aber nein, da überbieten sich die Pyromanen aus beiden Lagern vor und im Stadion, dass es sogar zu Verletzten kommt. Setzt diesem Treiben endlich einen Schlusspunkt und vertreibt diese zündelnden Idioten aus allen Stadien dieser Welt.

10. November

Die SPD und ihr Drang nach Superministerien

Der Superminister, eine Erfindung der SPD welche mit Karl Schiller begann und mit Clement endete. Jener Ex-Superminister Clement ist nicht mehr in der Politik tätig und legt sich dann und wann kräftig mit seiner SPD an.

Jetzt berichtet die allgemeine Presse darüber, dass S. Gabriel ebenfalls ein Superminister und Vize-Kanzler werden könnte. Unter anderem wird vermutet, da die CDU den Finanzminister Schäuble unbedingt halten will, bekommt Gabriel sehr viel Freiheiten sein Superministerium zusammen zu stellen.

Aus irgendwelchen unerklärlichen Gründen geht die SPD davon aus, macht Gabriel einen Super-Job, könnte er der neue Kanzler werden. Dies aber bedeutet, dass seine Partei in 4 Jahren rund 20% mehr

Wählerstimmen bekommen müsste und die CDU in der Folge stark nachlassen! Wie verschoben muss ein Hirn sein so etwas tatsächlich annehmen zu können? Nur zur Erinnerung, die Erschaffung von Superministerien durch die SPD war letztlich immer eine Pleite.

11. November
Die fünfte Jahreszeit beginnt mit einem Paukenschlag!

Die Münchner und Oberbayern sind ja nun wirklich nicht als Karnevalsjecken bekannt, dass sie aber den vielen Wintersportfans unter den Jecken einen solchen Schock versetzen würden, damit hat eigentlich keiner gerechnet.

Ein bestimmendes NEIN aus 4 Wahlbezirken zur Olympiabewerbung 2022, wurde tatsächlich so nicht erwartet. Der Landtags-Fraktionschef der Grünen, Ludwig Hartmann: „Das Votum ist kein Zeichen gegen den Sport, aber gegen die Profitgier des IOC."

Ich habe selten einen solchen Blödsinn eines Landtagsabgeordneten gehört. Wie will er denn ohne das IOC Olympische Spiele veranstalten. Mit anderen Worten: „Die friedlichen Spiele dieser Welt" brauchen wir nicht mehr, weil sie zu kommerziell geworden sind. Natürlich stört auch mich ein gewisser Teil am Kommerz des IOC, deswegen stelle ich doch nicht Olympia in Frage.

Wieder einmal präsentieren sich uns die Bayern als störrische Bergziegen in der Welt, die was gegen die Philosophie des Deutschen Thomas Bach haben. Ich bin auf eine erste Stellungnahme von ihm gespannt!

12. November

Die SZ befasst sich mit der Rente und die BILD will schon wieder Politik machen

Unumstritten, eine nachhaltige Rentenreform könnte den künftigen Koalitionären gut zu Gesicht stehen. Fest steht, diesmal muss es ein großer und dauerhafter Wurf sein. Mit gut 80%tiger Mehrheit des Bundestages sollte dieses auch gelingen. Entscheidende Veränderungen und Anpassungen müssen aber bezahlbar bleiben. Dabei ist die Bezeichnung dieser künftigen Rente absolut nachrangig. Ich finde die Art und Weise der SZ mit diesem Thema umzugehen weit aus besser als den Versuch der BILD schon wieder Politik machen zu wollen.

Erst gestern Abend haben zwei wichtige Politiker der CDU und SPD in der ARD bestätigt, über Posten wird erst am Schluss verhandelt. Die BILD versucht aber schon wieder die Öffentlichkeit und ihre Leser auf zwei Personen fest zu legen. Am liebsten wäre ihr Steinmeier, aber seine Gegnerin sei Frau von der Leyen. Abenteuerlich und

Kaffeesatzartig aber die Begründungen dazu. Liebe BILD, wartet doch die Koalitionsverhandlungen ab und schreibt dann wer Außenminister geworden ist, was haltet ihr davon?

13. November

Danke Steuergeldverschwender BILD

Morgen beginnt nun der Prozess gegen den EX-Bundespräsidenten Wulff. Es geht hierbei um angebliche Vorteilsnahme im Wert von unter 1000 Euro. Das Gericht hat 20 Prozesstage angesetzt. Dazu sollen 46 Zeugen gehört werden. Diese Zeugen aber sind zum Teil solche Hochkaräter, dass deren Zeugengeld in schwindelnde Höhen geht. Da fragt man sich schon, ist das angemessen was ihr da eingerührt habt BILD. Nach eurer Philosophie kostet es den Steuerzahler natürlich nichts, da dem Prozessverlierer die Kosten aufgebrummt werden, was aber wenn Wulff freigesprochen wird? Dann zahlt der Steuerzahler eure Selbstdarstellungssucht.

Noch eines am Rande, sollte Wulff dafür verurteilt werden, müsste man, wie ich glaube, den halben Bundestag nach Hause schicken, oder?

14. November

SPD Parteitag in Leipzig

Heute beginnt für Sigmar Gabriel die Zeit der Wahrheit. Zunächst stellt er sich wieder zur Wahl, zusammen mit dem gesamten Vorstand. Sein Wahlergebnis wird zeigen in welche Richtung, pro oder contra Koalition, die Basis tendiert. Weiterhin wird das medial sehr gut, aber doch durchschaubare Verhalten der Spitzenpolitiker zur Sprache kommen. Verweigerungshaltung hier, Drohung des Gesamtabbruchs der Koalitionsverhandlung durch Frau Schwesig dort. Das alles initiiert um der Basis zu zeigen, seht her wir kämpfen wie die Löwen um viel SPD in das Papier zu bekommen. Im Grunde aber wollen sie eindeutig diese große Koalition.

Der tiefe Griff in die Trickkiste aber schafft nur eines, den Vorstand und seine Verhandlungen, egal wie sie ausgehen, dem Mitglied in die Schuhe zu schieben. Gibt es keine große Koalition lag es nicht am Vorstand sondern an den Mitgliedern, gibt es eine große Koalition und die SPD geht wieder einmal unter, waren auch die Mitglieder schuld und nicht der Vorstand. Glänzt die SPD Ministerriege aber in dieser Regierung waren es die Einzelpersonen und nicht die Parteimitglieder. Den Leuten Land auf und ab gaukelt man aber vor, wie verantwortungsvoll die SPD Führung denkt!

15. November

Genauere Überprüfung von Hartz-IV Beziehern im Internet

Da werden im Moment die Themen Steuerbetrug (Hoeneß) und Vorteilsnahme (Wulff) in der breiten Öffentlichkeit diskutiert. Jeder schreit Steuerhinterziehung ist kein Kavaliersdelikt mehr, sondern Betrug am Volksvermögen.

Wenn nun die Bundesanstalt für Arbeit Hartz-IV Bezieher im Internet genauer kontrollieren möchte geht alles auf die Barrikaden, warum eigentlich? Wenn ich als getarnter Händler im Internet genug Geld verdiene und trotz allem staatlich Leistung in Anspruch nehme, bin ich genau so ein Betrüger wie ein Steuerhinterzieher, weil ich den Staat bzw. das Volksvermögen schädige.

Wenn mit dem Personalaufwand und dem Kostenfaktor, wie bei der Wulff Recherche gegen einen Hartz-IV Bezieher ermittelt würde, gingen alle sofort auf Distanz und würden dieses verurteilen. Also lasst uns die rechtsstaatlichen Mittel gegen alle anwenden, ob Klein oder Groß!

16. November

Kompromissbereitschaft von CDU und SPD auf dem Prüfstand!

Entscheidend für eine Koalition der beiden Parteien zur Regierungsbildung wird deren Bereitschaft sein, auf den Anderen zuzugehen. In Leipzig wird die gesamte SPD Führung, mit Ausnahme des neuen „Schäfer-Gümbel", von den Delegierten abgestraft. Traum- oder Vertrauensergebnisse sehen anders aus. Sehr entscheidend dürfte der Schwenk von H. Kraft sein. Sie ist mittlerweile eine Verfechterin der großen Koalition.

Umgangssprachlich sagt man „der Drops ist noch lange nicht gelutscht". Das wissen die SPD Verantwortlichen sehr genau. Sehr behutsam aber stetig versuchen sie ihre Basis auf das Zauberwort „Kompromiss" einzustimmen.

Zur gleichen Zeit versucht genau das gleiche die Kanzlerin bei der „jungen Union". Auch hier wird um Verständnis gebeten, das es ohne Kompromisse keine Regierung mit der SPD geben wird. Ein bedeutender Punkt dürfte dabei der Mindestlohn sein. Für mich nach wie vor der Supergau bei den Gewerkschaften, denn eigentlich sollen sie doch die Tarifhoheit haben. Da sie aber nicht in der Lage sind hier ordentliches zu Leisten, wird das nun zum Politikum.

Wir werden sehen was dabei herauskommt!

17. November

Hallo, Deutschland an Bundestag!

Hallo ihr Politiker, nun seit ihr seit dem 18. September gewählt und was tut ihr im Bundestag für dieses Mandat, nichts. Es ist für mich unvorstellbar das dieses Deutsche Parlament richtig viel Steuergeld verschlingt und ausgibt und bis zum Ende des Jahres Däumchen drehen wird.

Mir ist es nicht geheuer, dass weder der gewählte Bundestagspräsident noch die Kanzlerin auf sofortige Arbeitsaufnahme drängen. Bei der SPD habe ich nichts anderes erwartet. Frau Merkel, wie kann ich alle Verhandelnden zur Sparsamkeit ermahnen, wenn in ihrem eigenen Haus das Geld so zum Fenster rausgeschmissen wird.

Diese 3 Monate nahezu untätig zu verbringen kostet den Deutschen Steuerzahler einen 2stelligen Millionenbetrag. Muss das sein?

18. November

Größenwahn an SPD, bravo macht weiter so!

Nach dem die Verhandlungen in einigermaßen vernünftigen Bahnen verliefen, kam der SPD Parteitag. Auch dort sollte es bis zum letzten Moment, sprich bis zur letzten Gabriel Rede normal zugehen. Doch dann schlug der Größenwahn wieder einmal zu. Mit seinen rund 25% bei der Wahl führte sich Gabriel auf, als wäre seine Partei der große Wahlgewinner, und forderte von der CDU „so jetzt müsst ihr liefern".
Ich glaube, er hat die Worte der Grünen glatt weg überhört. Die haben unmissverständlich gemacht, wenn es mit Schwarz/Rot nichts wird, wollen wir noch einmal mit Frau Merkel und ihrer CDU reden.
Und die CDU, sie reagiert wie es ihnen zusteht. Sie haben auf ihren Wahlsieg mit gut 41% verwiesen und die SPD noch einmal an ihr saumäßiges Wahlergebnis erinnert. Mit anderen Worten 25% eurer Forderungen dürfen sich gerne im Vertrag wiederfinden, aber nicht mehr.

19. November

Gibt es Gemeinsamkeiten bei Wulff und Hoeneß? NEIN

Gestern Abend in der ARD bei „Oberlehrer Plaßberg" die Frage: Warum wird der Ex-Bundespräsident verdammt, weil er nun wegen angeblicher Vorteilnahme von rund 750 Euro vor Gericht steht, der Aufsichtsratsvorsitzende des FC Bayern, nach zugegebenem Steuerbetrug in Millionenhöhe, aber nahezu verherrlicht.

Es wurde deutlich herausgearbeitet, dass es zwei verschiedene Dinge sind. Bei Wulff handelt es sich um einen bedeutenden deutschen Politiker und Staatsmann, bei Hoeneß um den Chef eines Sportvereines, der eine AG in sich beinhaltet und deren Aufsichtsratsvorsitzender er ist.

Wulff kämpft um die Wiederherstellung seiner Ehre. Nach dem von über dreißig Punkten einer übrig blieb und ihm dafür ein Menschenverachtender Prozess gemacht wird, dem ein Angebot der Staatsanwaltschaft voraus ging. Diese bot Wulff gegen Zahlung einer bestimmten Summe an, das Verfahren einzustellen. Hinterher wäre er aber „Vorbestraft". Dieses Angebot lehnte Wulff ab.

Bei Bayern München scheinen andere Gesetze zu gelten. Ein vorbestrafter Vorstandsvorsitzender Rummenigge, macht nix. Ein eventuell im Gefängnis verschwindender Aufsichtsrat Vorsitzender, macht nix.

Die angesprochene Reue durch die Selbstanzeige von Hoeneß ist nun auch nicht ganz lupenrein. Eine gekaufte Steuersünder CD aus der Schweiz brachte ihn in Handlungsnot und führte letztlich zu der fehlerhaften, über Nacht erstellten Selbstanzeige. Eine gekonnte Selbstdarstellung von Hoeneß, in der Zeit nach bekannt werden der Prozess Eröffnung, lässt ihn bei vielen als den armen reumütigen Sünder erscheinen, wobei auch der Begriff „Freundschaft" in München anders definiert wird als in einem Hannoveraner Gericht!

20. November

Fortschritte der Koalitionsverhandlungen.
In der FAZ und der BILD

Liest man die heutigen Veröffentlichungen der beiden Zeitungen in ihren Online-Ausgaben, denkt man in zwei verschiedenen Ländern zu sein.

Die BILD wie immer bestimmend und dem Leser suggerierend, die großen Gewinner seien die SPD. Im BILD-Check hat sie 10:2 gewonnen. Diese Art der Berichterstattung mag ja Herrn Gabriel dabei behilflich sein, seine Parteibasis zum Ja für die große Koalition zu bewegen. Aber ansonsten ist sie das ganze Gegenteil der Berichterstattung in der FAZ.

Abgesehen davon, dass alles nur Arbeitspapiere sind und die wichtigen Entscheidungen den drei Parteivorsitzenden vorbehalten sind, steht am Ende immer noch die Möglichkeit von Neuwahlen. Keine Rede davon das Frau Merkel ihre Positionen aufgibt um Kanzlerin zu bleiben, wie es die BILD beschreibt.

Wieder einmal versucht die BILD bei ihrer Klientel politische Meinungsbildung zu beeinflussen, sprich Politik zu gestalten!

21. November

Berlin – die Hauptstadt, das Land und die Stadt

In dieser Hauptstadt sitzen also die zukünftigen Koalitionäre gestern wieder einmal in großer Runde zusammen. Danach ist es seltsam still um die Bundespolitiker. Es dringt nicht sehr viel nach außen. Bedeutet das nun entscheidende Annäherung oder ist es kurz vor dem Stillstand.

Im Land Berlin macht wieder einmal der BER von sich reden. Als Baupartner mit Brandenburg und dem Bund müssen sie nun zur Kenntnis nehmen was die Baubehörde Brandenburg veröffentlichte. Entscheidende Baugenehmigungen laufen im Jahre 2016 aus. Um diese zu verlängern müssen erfolgreiche Prüfergebnisse, z.B. der Sprinkleranlage, deren 9. Veränderung dem Bauamt noch nicht einmal gemeldet wurden, vorgelegt werden. Ein weiteres großes Landesproblem, der Länderfinanzausgleich der u. a. von Bayern angegriffen wird. Der Freistaat zahlt im Moment 3 Milliarden ein und Berlin kassiert 2,7 Milliarden. Ja und dann ist da noch die Stadt, die hat zunehmend Ärger mit den Sex-Arbeiterinnen in der Kurfürstenstr. Die Einen wollen eine zeitlich befristete Lösung, die Anderen bitten die Damen doch wenigstens Höschen an zuziehen, da sie sich ja in der Öffentlichkeit bewegen. Das ist ein Querschnitt dieser Stadt!

22. November

Aufruf an Journalisten, die Gerichtsbarkeit und Politiker!

Wenn man heute durch den Medienwald blättert fallen mir wieder einmal zwei Dinge auf. Zum einen eine 2 Jahre zurückliegende Diskussion über das Flugverhalten des 1,97m großen Oberbürgermeister Elbers in Düsseldorf. Hier wird bemängelt in welcher Klasse er fliegt, mit Blick auf den finanziellen Aspekt. Soll dieser Mann 10 Stunden oder länger fliegen und anschließend völlig stressfrei und entklappt irgendwelche Verhandlungen führen? Lächerlich!
Hat irgendwann mal jemand danach gefragt wie viel Sitzplätze

R. Calmund buchen musste wenn er im Auftrag von Bayer Leverkusen unterwegs war.

Gleiches gilt für diesen unsäglichen Wulff-Prozess in Hannover. Nach Feststellung eines bekannten Staatsrechtlers hätte Wulff niemals die Immunität entzogen werden dürfen. Damals führte ein inzwischen gerichtlich untersagter Pressebericht zu diesem Vorgang. Der folgende Rattenschwanz verdeutlicht, wie hier der Journalismus die Gerichtsbarkeit beeinflusst hat.

Lasst dieses Ausbuddeln der „Leichen im Keller" nach amerikanischen Vorbildern.

23. November

Ist Hessen der Warnschuss für Gabriel und seine SPD!

Die noch vor einiger Zeit von mir als gescheiterte Beziehung der CDU mit den Grünen in Hessen, scheint wiederbelebt zu werden. Der im Amt befindliche Ministerpräsident Bouffier hat den Grünen offizielle Koalitionsgespräche angeboten. Dieses Vorhaben war mit der SPD geplatzt. Nun stellt sich mir natürlich die Frage, ist das aus ganzem Herzen V. Bouffier oder steckt da noch anderes dahinter?

So kann man die Wende in Hessen durchaus als Warnung für die Bundes SPD verstehen. Nach dem Motto „seht her, wenn ihr nicht wollt oder könnt, wir kriegen das auch mit den Grünen hin". Vor allen Dingen, überzieht eure Forderungen nicht. Nach dem die BILD wieder einmal mit Frau Merkel gekuschelt hat und dabei erfuhr, wie der Ministerschlüssel ist. Für die CDU 6, die CSU 3 und die SPD ebenfalls 6 Minister, kommt ihre Partei Herr Gabriel doch glänzend dabei weg. Bei mir wären 25% von 15 mit gutem Willen 4 und nicht sechs.

24. November

Wieder einmal beweist die SPD ihre Sprache der gespaltenen Zunge

Im ganzen Lande beginnen die Regionalkonferenzen dieser Partei. Ihre Spitzen sind ständig bemüht, der Basis die große Koalition nahe zu bringen und gleichzeitig zu erklären worum in Berlin gerungen wird.
Unter den vielen Verhandlungspunkten auch die Frauenquote. Die SPD will in neuen Aufsichtsräten börsennotierter Unternehmen ab 2016 mindestens 30 Prozent Frauen sehen. Damit haben sie gegenüber der CDU gepunktet und sich durchgesetzt. Soweit so gut. Wäre da nicht Elke Ferner, Vorsitzende der Arbeitsgemeinschaft sozialdemokratischer Frauen (AsF), sie sagte der „Frankfurter Allgemeinen Sonntagszeitung" (F.A.S.):
In meiner Partei, der SPD, werden die Frauen nicht genügend

berücksichtigt und klagt über die Männerdominanz. Was sagt uns das, nach Innen pfui nach außen hui. Was wir dem Wähler vorgaukeln muss bei uns intern noch lange nicht gemacht werden.

Am Rande schnell noch einen Vergleich der Parteizustimmung zu ihren Vorsitzenden. Absolut an der Spitze A. Merkel, sie wurde mit 97% der Wahlberechtigten in ihrem Amt bestätigt. Ihr folgt H. Seehofer mit 95,3 % und das Schlusslicht bildet S. Gabriel mit gerade einmal 83,6%

25. November

Gehaltsdeckelung von Managern in der Schweiz abgelehnt

Genau dieser Punkt war der SPD in den vergangenen Verhandlungen zur Koalitionsbildung sehr wichtig. Mit dieser Forderung aber sind die Schweizer Jungsozialisten, nach einer Volksabstimmung, krachend auf die Schnauze gefallen. Eine deutliche Mehrheit lehnte diese Forderung ab. Man wollte, dass ein Spitzenmanager höchstens das 12fache eines niedrigen Arbeitslohn verdienen dürfe. Die Schweizer Arbeitgeber befürchteten gar, sollte es zu solch einer Deckelung kommen, könnten Spitzenindustrien abwandern.

In gleicher Abstimmung entschieden die Schweizer – keine steuerliche Erleichterung für Familien welche ihre Kinder zu Hause betreuen und gleichfalls keine Erhöhung der Pkw Maut um 150% auf ca. 80 Euro.

Dies allerdings dürfte nach meinem Empfinden auch mit den deutschen Maut Plänen in Zusammenhang stehen.

26. November

Deutsche Gerichtsbarkeit sollte auf den Prüfstand!

Die deutschlandweit verschiedene Auslegung von Gesetzen, durch diese Instanzen, kann man als außenstehender Betrachter nicht mehr nach vollziehen.

Da leben wir in einer der besten Demokratien dieser Welt und einem Herrn Lauterbach gelingt es die Veröffentlichung privater Meinungen seiner Ex-Frau gerichtlich zu verbieten. Da wird ein offensichtlich nicht Gesetzestreuer Herr Machnig, der widerrechtlich doppelte Gehälter bezogen hat, aus dem Amt eines Landesminister weg gelobt und ihm geschieht nichts. Da hingegen gilt Herr Rummenigge zu recht als vorbestraft, weil er die Steuerbehörde betrogen hat. Die Schadenshöhe liegt bei beiden etwa gleich im sechsstelligen Bereich. So gibt es im ganzen Land verschiedene Betrachtungen und Urteile zu gleichen Sachverhalten. Daran sollte man arbeiten!

Sicherlich sagt unser Grundgesetz aus, die Richter sind im Rahmen der geltenden Gesetze nur ihrem Gewissen verpflichtet. Dieses sagt aber auch aus, das die Gesetze durch die Demokratie geschaffen werden und nicht von den Richtern geändert und verbogen werden dürfen.

27. November

Schwarz/Rot kann kommen, wenn...?

Nach einem 17 stündigen Verhandlungsmarathon ist bei den Parteispitzen Übereinstimmung getroffen worden. Man sagt Politikern ja vieles nach, aber letztlich sind sie auch nur Menschen. Ob da dann nach dieser Verhandlungsdauer noch sachlich vernünftige Entscheidungen getroffen werden, bleibt fraglich!

Fest steht, die beteiligten Parteien können ihren Mitgliedern verkünden – seht her, wir haben einiges aus unseren Wahlprogrammen ins Koalitionspapier bekommen – und nun hofft die SPD, dass ihre rund eine halbe Million Mitglieder zustimmen wird. Achtung, am Ende wird der Wählerwille vieler Millionen durch diesen Basis-Entscheid nach rechts oder links verbogen. Da frage ich, ist das demokratisch liebe SPD?

Verklausuliert erscheinen der Mindestlohn und die Maut, sowie die abschlagfreie Rente mit 63 und die Mindestrente mit späteren Daten versehen. Die Mütterrente kommt ab Januar 2014. Bei der doppelten Staatsbürgerschaft entfällt die Entscheidungsfrist.

Durchgesetzt hat sich die CDU mit der Deckelung der Ausgaben und dazu passend keine Steuererhöhung. Minister sollen erst nach der SPD Basis-Zustimmung bekannt gegeben werden.

28. November

Herr Gabriel, ist Danke ein Fremdwort?

Nach dem nun der Koalitionsvertrag unterzeichnet aber noch lange nicht wirksam ist, spielt die SPD „rate mal mit Gabriel" und die CDU spielt mit. Aus Angst vor einer negativen Abstimmung der Parteimitglieder hat man sich darauf geeinigt, die Verteilung der Ministerien erst nach einer Zustimmung zum Vertrag bekannt zu geben.

Das die Kanzlerin und ihre CDU, sowie Seehofer mit seiner CSU da mit spielen zeigt uns, wie wichtig eine stabile Regierung in den nächsten Jahren ist.

Für dieses Zugeständnis an ihr Partei, Herr Gabriel hätten sie sich längst schon einmal öffentlich bedanken können, meine ich!

29. November

EU – Klage mehrerer Nachbarländer wegen Pkw-Maut?

In meinem Blog vor 4 Tagen habe ich auf Zusammenhänge eines Schweizer Volksentscheides zur Mauterhöhung und der im Koalitionsvertrag festgeschriebenen Maut für ausländische Pkw hin gewiesen.

Nun berichten die Medien, dass die Schweiz, Österreich und auch die Niederländer eine Klage bei der EU prüfen. Entstanden ist dies aus den Befindlichkeiten Bayerns und Österreichs, wegen 8 Kilometer Inntalautobahn und deren Benutzung ohne kostenpflichtige Vignette.

Man könnte also vermuten, in einen „Bayrischen Kleinkrieg" mit Österreich wird nun die gesamte Bundesrepublik mit einbezogen. Sollten sich die Anzeichen dafür häufen Frau Merkel sind Sie, glaube ich, in der Pflicht ihrem bayrischen Häuptling Seehofer die rote Karte zu zeigen. Allein schon um die anderen Bundesländer aus diesen Zänkeleien raus zu halten!

30. November

Erstaunliches kommt aus Frankreich

Einem FOCUS-Bericht zufolge bezeichnet der französische Präsidentenberater Jacques Attali Deutschland als das kranke Kind Europas. Seiner Meinung nach steht der deutsche Aufschwung auf tönernen Beinen. Entscheidend dafür sei die schlechte demografische Entwicklung in unserem Lande. Zu wenig Geburten!
Daraus zieht er den Schluss, dass Frankreich besser dasteht wie Deutschland. Dabei spielt auch keine Rolle, dass die Franzosen eine Rezession gerade noch so vermeiden konnten. Deutschlands Mindestlöhne, marode Banken, schlechte Grundschulen und sinkende Produktivität seinen die Ursachen dafür. Ungeachtet dessen, Deutschland ist Exportweltmeister!
Eine wirtschaftliche Entspannung ist noch weit weg, dafür ist die amerikanische und europäische Wirtschaft in zu schlechtem Zustand.
Die rechtsradikale Tendenz in Frankreich um Le Pen ist ungebrochen, was Herrn Attali aber nicht kümmert. Im Gegenteil, er gräbt die AfD aus und sagt dort gibt es ähnliche Tendenzen, nur dadurch das die Deutschen ein gebranntes Kind seien hätten solche Richtungen bei uns keine Chance.

Ich glaube Herr Hollande sie sollten sich einen anderen Berater in ihr Team holen, mit diesem Mann machen sie langfristig die guten Deutsch-Französischen Beziehungen kaputt!

01. Dezember

Politik am Rande!

Jeder weiß, die FIFA macht ihr eigenes Ding. Die seltsamen Ansichten des Herrn Blatter haben schon manches Mal die Wellen hoch schlagen lassen. Eines aber geht gar nicht, einer unter dem „Schutz" der FIFA stehender Fußballer, wird von seinem Verein nicht entlohnt und wie man sagt, nach landesüblichem Verhalten wurde ihm der Pass abgenommen und dann wurde er 18 Monate an der Ausreise gehindert. Das alles gehört eigentlich schon in den Bereich der Politik.

Jetzt aber kommt die Krönung durch Herrn Blatter. Nicht mit den geringsten Anzeichen lässt er erkennen, das diesem Land die Fußball WM entzogen wird. Menschenverachtende Zustände auf den Baustellen der Stadien tangieren die FIFA nicht. Dieses Verhalten des Welt-Dachverbandes des Fußballs ist gelinde gesagt unter aller Sau.

02. Dezember

NRW Ministerpräsidentin Kraft steht hinter Gabriel

Die erneute und nun durch alle Medien gehende Nachricht von ihr - ich gehe niemals nach Berlin – festigt natürlich den Stand von S. Gabriel. Gleichzeitig aber bringt sie den größten SPD Landesverband in die Spur – Zustimmung -.

Im Gespräch mit Deppendorf konnte man heraushören, dass die Lösung, Posten und Personen erst nach der Abstimmung bekannt zu geben, nicht die glücklichste war. Was sie aber genau wie ihr Vorsitzender als Quatsch bezeichnet und sofort bei Seite schiebt, sind verfassungsrechtliche Bedenken zu dieser Abstimmung.

Erstaunlich für mich, anscheinend hat sich die Politik gar nicht ordentlich um diesen Problembereich gekümmert, wenn selbst Seehofer die SPD in diesem Punkt in Schutz nimmt !

03. Dezember

Zeit der Geschenke und Bestechlichkeit?

Pünktlich zum Monat der Geschenke kommt von Transparency International die neueste Liste von der Corruption Perceptions Index (CPI) . Diese befasst sich mit der Bestechlichkeit in Europa.

In dieser Studie wurden 177 Länder untersucht, wobei festgestellt wurde, dass weit mehr als die Hälfte der Länder einen Wert von unter 50 Punkten erreicht. Die Bewertungsskala reicht von Null (schlechtester Wert) bis 100 (bester Wert).

An vorderster Stelle im Bereich der Korruption immer wieder Griechenland, gefolgt von Italien und leider auch Spanien. Am wenigsten mit der Bestechung haben Dänemark, Holland und Luxemburg zu tun. Interessant auch, dass Frankreich wesentlich mehr besticht als Deutschland.

Es muss eigentlich im Interesse aller Volkswirtschaften sein, diesem Treiben so weit und so schnell wie möglich ein Ende zu bescheren.

04. Dezember

Ist Orkantief „Xaver" der Vorbote zur kommenden Regierung?

Die Wetterfrösche sind sich einig, ab Donnerstag wird es auf jeden Fall den Norden Deutschlands mit Sturm, Regen, Schnee und eventuell sogar mit einer Sturmflut in Orkanstärke erreichen.

Im Gegensatz dazu fragt man sich, wie es kurze Zeit später ganz Deutschland ergehen wird. Kommt die große Koalition, nach der SPD Abstimmung, mit Orkanstärke oder als laues Lüftchen daher.

Sei es wie es wolle, beides müssen wir versuchen mit so wenig als möglichen Schäden zu überstehen.

05. Dezember

Flughafen BER sorgt für neue Aufregung!

Es sieht so aus, als könne Klaus Wowereit sich zurück an die Spitze dieses unsäglichen Geschichtsspektakels beamen. Seit geraumer Zeit wird wieder einmal ein neuer Aufsichtsrat-Vorsitzender gesucht - und keiner gefunden - der für einen Großteil des Pleiteflughafens verantwortliche Wowereit war vor einem Jahr zurückgetreten. Mangelnde Kompetenz war unter anderem einer der Gründe. Nach dem Wirrwarr mit Platzeck und anderem Ungemach wurde trotz eingehender Suche kein neuer Chef gefunden. Kein Wunder, wer möchte schon auf diesem Schleudersitz Platz nehmen und sich täglich mit Mehdorn anlegen. Keiner, nur Wowereit, warum eigentlich?
Weiß er das seine Tage als Regierender Bürgermeister in Berlin gezählt sind und will er sich so noch über Jahre einen öffentlichen, nicht unmaßgeblichen Job sichern. Oder glaubt er weiterhin seinem Hirngespinst – der Flughafen BER - sei eine Erfolgsgeschichte?
Lassen wir uns überraschen wie diese Geschichte ausgeht!

06. Dezember

Was kann meine Aussage eigentlich zur Klärung beitragen?

Diese berechtigte Frage stellte gestern die Schauspielerin M. Furtwängler dem vorsitzenden Richter beim „Wulff Prozess" in Hannover.

An einem Tag, wo an verschiedenen Punkten der Welt um eine Demokratie gekämpft wird welche der unseren in etwa Nahe kommen könnte. An einem Tag, wo im Norden der Republik eine der schwersten Sturmfluten der letzten Jahrzehnte erwartet wird. An einem Tag, an dem Nelson Mandela sich von dieser Welt verabschiedet, im Wissen ein großes Kapitel der Weltgeschichte geschrieben zu haben.

An einem Tage, wo ein nationales Ungemach, welches unser Land überfiel, aufgearbeitet und erstmals gegen ein ehemaliges Staatsoberhaupt gerichtlich vor gegangen wird. In diesem Moment ist dieser unsägliche Prozess kleiner und unbedeutender als ein Sandkorn geworden!

07. Dezember

Wichtige Neuordnungen!

In diesen Tagen feiert die WTO einen wichtigen Durchbruch (Welthandelsabkommen). Nach dem es gelungen ist, Indien und Kuba in den Kreis der 159 Unterzeichner dieses neuen Abkommens zu holen, muss man allerdings abwarten was die WTO dauerhaft davon umsetzen kann. Experten gehen davon aus, bei Einhaltung könnte man bis zu einer Billion Dollar weltweit einsparen. Wobei diese Geld überwiegend den Entwicklungsländern zu gute käme. Außerdem könnten dadurch bis zu 20 Millionen neue Arbeitsplätze weltweit geschaffen werden. Kann man nur sagen „mutig ans Werk"!

So ziemlich zeitgleich wird C. Lindner versuchen die FDP neu aufzustellen. Beim Parteitag am Wochenende stehen entscheidende Neuwahlen an. Eine gesunde Diskussions- nicht Streitkultur und ein relativ neues Führungsteam, von einigen Ausnahmen abgesehen, sollte die FDP in den nächsten 4 Jahren wieder auf einen wählbaren Kurs führen.

Bei Lindners Wahl sollten die Delegierten eines aber keinesfalls übersehen. Erst nach dem er als General der FDP hingeschmissen hatte, was ihm einige noch heute verübeln, wurde nach und nach das

Riesendebakel um Personalien in der Partei so richtig öffentlich.

Also FDP wagt einen Neuanfang mit Augenmaß, ich möchte diese Partei spätestens in vier Jahren wieder im Bundestag sehen!

08. Dezember

SPD und FDP bestimmen die Themen des Tages

Aus Teilen der Basis, besonders von den Frauen und auch den Jusos, bekommt Gabriel heftigen Gegenwind zur großen Koalition und zur Ämterverteilung der weiblichen Mitglieder.

Was die Parteispitze so vehement in den Verhandlungen gefordert hat, die Frauenquote, geht anscheinend innerhalb der SPD andere Wege. Elke Ferner (55), Vorsitzende der AG sozialdemokratischer Frauen an der Spitze fordern sie den Fraktionsvorsitz und finden - es wird Zeit eine Frau an der Spitze der Partei zu sehen -. Zu dieser nicht unwichtigen parteiinternen Diskussion bauen die Jusos, unter Führung von Johanna Uekermann, den Druck gegen die große Koalition stetig und vehement auf.

In Berlin hat die FDP eine neue Führungsriege gewählt. Nach der Bestätigung von C. Lindner als neuen Vorsitzenden und Kubiki als erstem Stellvertreter sowie Nicola Beer als Generalsekretärin, wurden auch Uwe Barth und die Hessin Marie-Agnes Strack-Zimmermann zu

Stellvertretern gewählt.

Rößler und Brüderle übernahmen Verantwortung für das schlechteste Wahlergebnis der Partei, beklagten jedoch zugleich mangelnde Unterstützung.

Nach der Neuordnung bleibt einziges Ziel der Wiedereinzug in den Bundestag, wozu auch die deutliche Abgrenzung zur AfD durch Lindner gehört. Tatsächlich wurde schon von Neueintritten berichtet!

09. Dezember

Thailands Parlament wird aufgelöst

Ministerpräsidentin Yingluck Shinawatra teilte am Montag im Fernsehen die Auflösung des Parlaments mit. Die Noch-Regierung sei zu Verhandlungen bereit und möchte nach eigenen Angaben, so schnell als möglich Neuwahlen.

Weiterhin wurde darauf hingewiesen, das die Polizei unbewaffnet sei und nur in schweren Fällen Tränengas einsetzen dürfe. Der von der Opposition geforderte „Volksrat" kann nicht die entscheidende Lösung sein. Bei angesetzten und fairen Neuwahlen muss das Ergebnis auch von allen respektiert werden. Betont wurde, dass Yingluck Shinawatra wieder zur Wahl antreten wird. Wenn durch diese Maßnahmen weitere Unruhen ausbleiben, ist es zunächst der richtige Weg meine ich.

Erlaubt mir einen kurzen Abstecher zum Fußball. Die neuesten Ideen von M. Platini sind ja nur in seinem Kopf neu. Bei anderen Sportarten bewährte Zeitstrafen können durchaus auch auf den Fußball umgelegt werden. So würden die Mannschaft direkt bestraft, wenn es statt einer gelben Karte eventuell eine 10 Minuten Zeitstrafe geben würde. Eine taktische Gelbsperre gäbe es nicht mehr und der Verursacher wäre direkt bestraft und nicht erst beim nächsten Gegner. Ich kann der UEFA und der Fifa nur empfehlen sich neuen Ideen nicht generell zu verschließen!

10. Dezember

Offizieller Abschied von N. Mandela

So wird die im Johannisburger Fußballstadion stattfindende zentrale Trauerfeier an rund 90 Orte im Land übertragen. Man rechnet mit der Anwesenheit von mehr als 70 offiziellen Staatschefs, darunter Königinnen, Könige und Präsidenten. Eine enorme Sicherheitsaufgabe für die zuständigen Behörden.

Die ca. 4 Stunden dauernde Veranstaltung ist zu dieser Zeit der Mittelpunkt der Erde. Ich glaube selbst in Kiew werden sie dann inne halten.

Ein Mann der sich in der demokratischen Welt viel Respekt verdient hat, wird hier noch einmal zu Recht gewürdigt. Es bleibt zu hoffen, dass es irgendwo auf dieser Welt noch ein paar Menschen gibt, die gleiches Gedankengut wie N. Mandela umsetzen können!

11. Dezember

Sotschi, Olympia und Politik!

Viele Proteste haben dazu geführt, dass „Zar Putin" nun im Olympiaort Sotschi Protestzonen zulässt. Ein normaler demokratischer Zustand, Protest, erlangt beim IOC und Dr. Bach eine völlig neue Bedeutung.

Mir ist nach wie vor unklar, wie ein sportlicher Weltverband erst Spiele nach Russland vergeben kann um sich hinterher darüber zu freuen, dass dort auch normale demokratische Vorgänge in begrenztem Maße zugelassen werden. Der sich um alles kümmernde und viele Millionen einsackende Weltverband hat wieder einmal kläglichst versagt.

Überall auf der Welt kann man nachlesen wie die „Fremdarbeiter" in Sotaschi gehalten und nicht bezahlt werden. Es ist einfach der olympischen Idee nicht würdig unter solchen Bedingungen die Weltspiele abzuhalten. Es wäre schön schön, wenn sich in diesen Fällen Sport mehr an Demokratie erinnern würde!

2. Dezember

Die SPD und das liebe Geld

In dieser Woche veröffentlichte der Focus eine erstaunliche Bilanz der bundesdeutschen Städte die Pleite sind. Es fällt auf, das es im Osten wesentlich weniger Städte, mit so gravierenden Finanzproblemen, wie im Westen gibt.

Hier aber befinden sich die meisten Städte in NRW, in Hessen und in Rheinland-Pfalz. Bemerkenswert ist dieses, weil alle genannten Bundesländer SPD regiert sind. Nun zähle ich noch Berlin und Hamburg dazu und wir alle wissen genau, warum kein SPD Abgeordneter Finanzminister werden darf.

Vorausgesetzt die SPD Basis ist gnädig und stimmt den Koalitionsgrundlagen zu, werden wir ja in drei Tagen wissen welche Personen welches Ministerium anführen wird!

13. Dezember

Die Welt erlebt Klitschko als Oppositionsführer und ernsthaften Präsidentschaftskandidaten. Dies soll hier zunächst ohne weitere Erläuterungen festgehalten werden.

14. Dezember

Berliner und Brandenburger und alle SPD Wähler werden durch die Politik kräftig verarscht! Seit gestern ist K. Wowereit wieder Aufsichtsratsvorsitzender am BER. Ich glaube auch, dass diese Sitzung im Zeitpunkt so gewählt wurde, das die Basisabstimmung der SPD abgehakt ist. Weil ich auch glaube, wenn diese Volksverarschung vor dem Abstimmungsende gelaufen wäre, gäbe es Morgen keine große Koalition.

Es ist doch geradezu widersinnig, das ein Mann der vor einem Jahr zurückgetreten ist, weil der Druck auf ihm wegen seiner Fehler zu groß wurde nun wieder an diesen Posten gewählt wird. Dieses Verhalten macht eines überdeutlich - der gesamte Aufsichtsrat ist von nicht klar denken Personen besetzt - und das bei einem 5 Milliarden Projekt. Es sei denn die Vetternwirtschaft ist so ausgeprägt wie selten zuvor. Was geht in diesem Wowereit vor? Im allgemeinen sagt man doch ein gebranntes Kind scheut das Feuer, das scheint Berlins regierenden Bürgermeister aber nicht zu stören.

Eines aber macht das Verhalten der SPD in Berlin klar. So wie sie im Moment am abrutschen ist, wird es in der Zustimmung weiter nach unten gehen und lässt deutlich werden, der nächste Berliner Oberbürgermeister ist keine Person aus der SPD mehr!

15. Dezember

Es ist vollbracht. Die Ministerien stehen, nun brauchen wir nur noch deren jeweilige Chefs zu finden.

Beginnen wir mit der CDU:

Kanzlerin	Angela Merkel
Kanzleramtsminister	? Peter Altmeier
Das Innenministerium	Thomas de Maizière
Das Verteidigungsministerium	Ursula von der Leyen
Das Finanzministerium	Wolfgang Schäuble
Das Gesundheitsministerium	Hermann Gröhe
Das Bildungs/Forschungsministerium	??? Wanka

Die CSU:

Ernährung und Landwirtschaft	???????
Verkehr und digitale Infrastruktur	AlexanderDobrindt
Wirtschaftliche Zusammenarbeit und Entwicklung	Hans-Peter Friedrich

Die SPD:

Wirtschaft und Energie	Sigmar Gabriel
Arbeit und Soziales	Andrea Nahles
Auswärtiges Amt	Frank-Walter Steinmeier
Justiz und Verbraucherschutz	Heiko Maas
Familie, Senioren, Frauen und Jugend	Manuela Schwesig
Umwelt, Naturschutz, Bau und Reaktorsicherheit	Barbara Hendricks

Weitere Staatsminister

Kultur und Medien (CDU) Migration, Flüchtlinge und Integration (SPD)

So könnte unsere neue Regierung aussehen, aber nur dann wenn Oppermann den Fraktionsvorsitz der SPD übernimmt. Lassen wir uns überraschen.

16. Dezember

Es ist vollbracht!

Der Koalitionsvertrag ist unterschrieben und nun kann endlich wieder regiert und gearbeitet werden.

17. Dezember

Nun auch in Hessen der Durchbruch

Volker Bouffier und Tarek Al-Wazir bestätigten in der Nacht die erste Schwarz - Grüne Regierung in einem bundesdeutschen Flächenland, wenn am Samstag die beiden Parteitage der künftigen Partner zustimmen.

Zwei wichtige Knackpunkte konnten die beiden ausräumen. Zum einen die Finanzen und zum anderen das Thema Flughafen. Im Punkto Finanzen sagte Tarek Al-Wazir man dürfe das Land nicht kaputtsparen und am Frankfurter Flughafen soll der Lärmschutz verbessert werden.

Ich habe keinen Zweifel daran, das beide Partner das ernst meinen und die Koalition die Regierungszeit überstehen wird.

18. Dezember

Diskus Olympiasieger Hartung iniziiert Sportlotterie

Wer jetzt glaubt, solch ein Thema habe nichts mit Politik zu tun, der irrt. Diese angedachte Lotterie muss durch die Politik genehmigt werden. Die Sportler begründen ihren Antrag damit, dass es nicht ausreicht mit rund 300 Euro im Monat, sich nur um den Sport kümmern zu können. Es gehe nicht an, das z.B. ein Spitzensportler am

Vormittag trainiert und am Nachmittag studiert. Aus dieser neuen Lotterie sollen ca. 35% in den Spitzensport investiert werden. So einfach ist es aber nicht Herr Hartung. Was ist mit all den Sportsoldatinnen und Soldaten, was ist mit Siegprämien und was ist mit Werbeeinnahmen?

Vor allem aber darf nicht eine einzelne Gruppe, durch eine Lotterie so bevorteilt werden. Vergessen wir auch nicht den olympischen Gedanken.

Mir ist auch nicht bekannt, das der Berufstätige, der nach Feierabend eine Weiterbildung durchläuft z.B. Bafög beantragen kann. Aus vielen Berufen weiß man, das der Abschluss zum Meister noch mitgebrachtes Geld erfordert.

Wenn der Spitzensport weltweit so gefördert wird, das schon im Vorfeld der Lebensunterhalt gesichert ist, handelt es sich allgemein um Profis und dies müsste über kurz oder lang dazu führen das unser Dr. Bach als IOC Präsident arbeitslos würde. Die olympische Karte wäre grundlegend verletzt und nicht mehr anwendbar.

Am Tage des 100. Geburtstages von Willy Brand, gibt die alte und neue Kanzlerin A. Merkel eine Regierungserklärung ab, um nach einer zweistündigen Aussprache im Bundestag mit ihrem neuen Außenminister Steinmeier nach Frankreich zu entschwinden.

19. Dezember

Vater Mundlos missachtet ungestraft Staatsanwaltschaft und Richter!

Im sogenannten NSU Prozess wurde gestern der Vater von Uwe Mundlos als Zeuge vernommen. Übereinstimmend berichten mehrere Journalisten, dass der Mann sich eine Trinkflasche samt Becher und einen Apfel auf den Tisch legte. An richterliche Auflagen hielt er sich nicht und biss sogar während der Vernehmung in den Apfel. Eine der arte Missachtung des Gerichtes hat normalerweise eine Ordnungsstrafe zur Folge, bei Vater Mundlos anscheinend nicht. Von einer solchen Ordnungsstrafe berichtet kein Journalist, nicht einmal die BILD.

Wenn sich der führende Richter weiterhin von solchen Zeugen verarschen lässt, ohne empfindlich darauf zu reagieren, wird es die nächsten großen Proteste in Richtung Zweiklassengesellschaft geben! In wesentlich geringeren Fällen, als den Richter als Klugscheißer zu bezeichnen, sind schon Ordnungsmaßnahmen vollzogen worden.

20. Dezember

Renten und Verteidigung

Zwei Themen die mich heute bewegen. Die sogenannten Wahlgeschenke der GroKo, zum einen Rente mit 63 und die sogenannte Mütterrente. Ich glaube alle Kritiker dieser Renten sind nicht in der Lage, die Lebens- und Arbeitsleistung dieser Generation zu würdigen. Bei den Müttern sind es vielfach die Kinder die unseren Staat dahin gearbeitet haben wo wir heute sind. Vergessen sie bitte nicht, in den sechziger Jahren haben wir mit 15 Jahren angefangen zu arbeiten (Lehre), was bedeutet, dass viele nicht nur 45 sondern bis zu 48 Jahren in die Rente eingezahlt haben. Ihr Arbeitsbild waren nicht 35 Std. in der Woche sondern es lag bei gut über 40 Std. in der Woche. Es ist für mich unverständlich, dass diese Generation in ihrer Lebensleistung so benachteiligt werden soll.

Nun zu den Müttern. Warum werden den Müttern, die Kinder nach 1992 geboren haben, mehr Rentenansprüche zugebilligt als jenen Müttern, die ihre Kinder vor 1992 geboren haben. Da wird über Altersarmut gesprochen aber nicht mit einbezogen, dass es zum Teil diese Mütter sind, welche durch die Geburten mehrerer Kinder und der damaligen sozialen Einstellung heute mit der Mindestversorgung auskommen müssen. Der Staat kann doch nicht nur für die Zukunft sichern, nein auch dieser Personenkreis darf nicht einfach abgelegt werden!

Nun zur neuen Verteidigungsministerin. Liebe BILD, soll sie Euer erstes Opfer werden? Oder warum kommentiert Ihr heute die Entlassung eines Staatssekretärs so dramatisch. Es ist doch in allen Ministerien so, dass bei einem Wechsel an der Spitze ein gewisser Austausch vorgenommen wird. Wenn dieser Mann die Vertrauenskriterien der Ministerin nicht erfüllt, muss er gehen. Glücklicherweise brauchen wir uns um das Auskommen des beamteten Staatssekretärs Rüdiger Wolf keine Sorgen zu machen, oder?

21. Dezember

Der deutliche Unterschied von Genscher und Ströbele!

Mit der Freilassung des weltbekannten Kremelgegners Michail Chodorkowski, ist auch die Vermittlerrolle von H. D. Genscher öffentlich bekannt geworden.

Der ehemalige Außenminister hatte über Jahre und in enger Zusammenarbeit mit der Kanzlerin dem zuständigen Außenminister, dem Botschafter in Moskau und den Anwälten von Chodorkowski, an dieser Freilassung gearbeitet. Ohne selbst darstellerisches Kalkül hat er einen Privatjet über Bekannte organisiert, der den prominenten Kremelgegner gestern in Berlin einflog.

So lobe ich mir politische Arbeit Herr Ströbele. Nicht wie Sie in einem reißerischen Stil der Welt zu zeigen, seht her, nur ich konnte so etwas vollbringen. Die Regierung war ja unfähig dazu! Was sagt uns das – um diesen Politikstil des Liberalen Genscher zu erreichen, sind Sie nicht mehr lange genug in der Politik tätig.

22. Dezember

Ministerin von der Leyen in Afghanistan

Nicht einmal eine Woche nach ihrem Dienstantritt besucht die Verteidigungsministerin die Truppen im Bundeswehr-Feldlager in Masar-i-Scharif.

Diese deutliche Geste kurz vor Weihnachten kommt bei ihren Mitarbeiterinnen und Mitarbeitern am Hindukusch gut an! Ich glaube auch, eine Frau sieht so ein gewaltiges Feldlager mit anderen Augen als ein Mann. Der Anhang von gut 40 Journalisten ist bei solch einem Besuch ja leider nicht auszuschließen, aber dumme Fragen kann man schon unterlassen.

So wurde sie angeblich gefragt, ob sie schon alle Dienstgrade kennen würde berichtet die BILD, bei einem Mann ist diese Frage nie aufgetaucht, warum eigentlich.

Für mich bleibt festzuhalten, diese Frau möchte einen ordentlichen Job abliefern und kümmert sich daher zuerst um die Soldatinnen und Soldaten die zum Fest nicht zu Hause bei ihren Familien sein können.

Ein gelungener Auftakt, denke ich.

Zur gleichen Zeit aber randalieren in Hamburg viele junge Leute und sorgen für die schwersten Ausschreitungen in der Hansestadt seit Jahren. Dabei ist diesen Idioten völlig egal ob sie jemanden verletzen oder auch Existenzen an den Rand des Ruins treiben, Hauptsache sie können ihren Frust ablassen und wenn die Polizei zu härteren Mitteln greift, ist sie wie immer der Dumme. Das kann und darf so nicht weiter gehen!

Wozu Politik fähig ist, hat sie doch in den letzten Tagen in Berlin bewiesen, dort kann sich endlich Chodorkowski in Freiheit bewegen.

23. Dezember

20 Jahre besetztes linken Kulturzentrum „Rote Flora" in Hamburg

Der Auslöser für schwerste Krawalle durch die linke Szene. Diese zur Gewalt bereiten Randalierer sind keine Demonstranten mehr sondern widersetzen sich rechtsstaatlichen Grundsetzen ob auf der Straße oder im Fußballstadion .

Einhundertzwanzig verletzte Polizeibeamte, darunter 19 Schwerverletzte, ist für einen Rechtsstaat nicht hinnehmbar. Der Bürger hat ein Recht auf Schutz seiner Persönlichkeit und seiner Sachwerte. Da kann es doch nicht sein, dass die Verteidiger dieser Rechtswerte am Schluss als die Dummen dastehen. Die Hamburger Linke Christiane Schneider wirft der Polizei unverhältnismäßig harte Einsatzform, vor allem gegen friedliche Demonstranten vor. Liebe Frau Schneider, ihnen ist wohl entgangen das vor polizeilichen Maßnahmen aufgefordert wird den Ort zu verlassen. Wer danach noch mitten in diesem schwarzen Block ist, muss mit härteren Maßnahmen rechnen.

Ich selbst habe vergleichbares als Polizist vor gut 40 Jahren in Berlin erlebt und kann nur sagen, „seit zufrieden das die Polizei mittlerweile so gut eingekleidet und ausgerüstet ist, ohne diese wären noch viel mehr Polizisten dienstunfähig geworden"

Ich wünsche allen Polizisten, vor allem den in Hamburg verletzten und ihren Familien ein ruhiges und besinnliches Fest und schnelle Genesung!

24. Dezember

Weihnachten in den christlichen Ländern

Mit dem sogenannten Fest der Liebe nähert sich aber auch das Ende des Jahres 2013. Zwei für mich herausragende Dinge muss ich hier einmal festhalten.

Ein weltweit anerkannter Freiheitskämpfer, N. Mandela, verlässt diese Welt und sorgt bei seinen Beerdigung noch für einen historischen Handschlag. Erstmals seit 54 Jahren reichen sich ein amerikanischer Präsident und ein kubanischer Machthaber wieder die Hände. Darüber hinaus biete Kuba den Vereinigten Staaten einen Dialog an.

Auch über die plötzliche Nächstenliebe von Zar Putin kann man nur staunen. Erst kommt Chodorkowski frei, freilich nach einem Gnadengesuch und dann werden Mitglieder der Musikgruppe Pussy-Riot auf freien Fuß gesetzt. Dies alles geschieht natürlich mit Blick auf Sotschi, die olympischen Winterspiele. Ob er sich damit einen Gefallen getan hat bleibt zu bezweifeln!

Fest steht aber, dass beide Vorgänge in diese Zeit passen und zu einem weltweiten Frieden beitragen könnten.

In diesem Sinne allen Lesern ein frohes und gesegnetes Weihnachtsfest.

25. Dezember

Eine nicht so schöne mallorquinische Weihnachtsgeschichte

Eine junge Frau, nennen wir sie Inez lebt und arbeitet auf unsere schönen Insel. Sie ist 3sprachig und verdient ihren Lebensunterhalt, recht und schlecht, derzeit bei einer kommunikativen Firma, nennen wir sie einfach mal - telefonier und günstig -.

Nicht vergessen, wir befinden uns im Jahre 2013. Was nun folgt, muss doch jedem Menschen das Weihnachtsfest, sofern er wie sie europäisch denkt, vermasseln.

Verschiedenste interne Maßnahmen lassen mich am Fortbestand meines Arbeitsplatzes zweifeln sagt sie und beklagt weiterhin die unpünktliche Zahlungsmoral des Gehaltes, welches den vereinbarten Stichtag meist überschreitet. Mobbing ist in dieser Firma kein Tabu sondern wird täglich befördert.

Das hier nicht weitere Details bekannt gegeben werden hängt einfach mit dem Schutz des noch bestehenden Arbeitsvertrages zusammen. Aber sie können mir glauben, „die Probleme sind vielfältiger und nur oberflächlich angerissen"

Auch wenn ich persönlich nicht das schönste Weihnachtsfest erlebe, wünsche allen anderen viel Freude an diesem Fest, sagte sie.

26. Dezember

Heute wieder die große Politikbühne - Türkei -.

Es ist schon erstaunlich wie das Gen „Raffki" an die Kinder weitergegeben wird. Zur Zeit sehr deutlich in der Türkei. Da werden mehrere Ministerkinder durch eine Spezialeinheit festgenommen, weil sie an höchst illegalen Finanzgeschäften beteiligt waren. Die Väter ziehen die Konsquenzen und treten zurück.

Aber was macht dieser Ministerpräsident Erdogan, er bezichtigt Fremde ein Putsch gegen seine Regierung mit diesen Ermittlungen anzustrengen. Kündigt an, seine Regierung in großem Stil umzubauen. Im weiteren Verlauf entlässt er daran beteiligte Polizeichefs und Staatsanwälte. Dazu fällt mir eigentlich nur eine Frage ein: brauchen wir diese Art der „Demokratie" in Europa wirklich?

27. Dezember

BILD bezeichnet den Bundestagspräsidenten als Herrn Jammert!

Dieser hatte sich über eine zu harte Gangart gegenüber der Politik innerhalb der ZDF-Sendung „heute-show" geäußert. So wirft ihm die Zeitung vor, nicht das erste Mal einen Angriff gegen Presse, Funk und Fernsehen zu fahren. Er soll gesagt haben: Bei dieser Show geht es doch nur um „Quote, Quote und nochmals Quote" und nicht um seriöse Information. Hallo BILD kommt euch das bekannt vor?
Weiterhin unterstellt ihr dem CDU-Politiker, er habe mit folgender Begründung: Komplexe Sachverhalte könnten in solchen Sendungen nicht richtig abgearbeitet werden - gesagt, dass er nie in einer Talkshow

auftreten würde. Dann aber trat er doch bei Lanz, als Einzelgast an. Wohl bemerkt als „Einzelgast" mit knapp einer Million Zuschauer und wie die Bild spitz bemerkt, nicht mal ein Drittel der „heute Show". Das aber belegt die Aussage von Lammert, der feststellte: Es besteht eine zu hohe Dominanz der Unterhaltung gegenüber der Information. Recht hat er liebe BILD!

Auch wenn F. J. Jung, CDU Politiker, sagt: Politik muss das aushalten können. Angreifbar sind natürlich Regierungen, Parteien und Politiker, aber leider geht es manches mal auch unter die Gürtellinie und das sollte man abstellen!

28. Dezember
Día de los Inocentes

Dieser Tag ist hier auf Mallorca vergleichbar mit dem 1. April in Deutschland. Eine wunderbare, seltsame Meldung des Inselradios lies mich heute Morgen aufhören. Da wurde behauptet, die Balearenregierung würde zum 1. Januar 2014 Mallorca in Majorca umbenennen. Spontan habe ich mich dann gefragt ob schon so viele Russen zu Besuch waren, das diese Änderung (ausgesprochen Matschorka) notwendig wurde. Aber dann fiel mir zum Glück ein – April, April - bis Morgen!

29. Dezember

Ich entschuldige mich beim neuen Fraktionschef der SPD

Sehr geehrter Herr Oppermann, nach dem ich gestern Abend den Jahresrückblick des Kabarettisten Urban Priol gesehen habe, weiß ich das ich Sie zu Unrecht als Dreckschleuder der SPD bezeichnet habe. Priol ist um ein vielfaches schlimmer. Man muss sich wirklich fragen, ob die Zuschauer beim Erwerb einer Eintrittskarte auch ihr SPD Mitgliedsbuch vorlegen mussten.

Was der Mann auf der Bühne von sich gibt, stellt all Ihre Aussagen in den Schatten. Auch Kabarett sollte ausgewogen sein, aber genau das konnte ich nicht feststellen. Diesem Mann sind alle Namen der SPD Minister in der neuen Regierung entfallen. Sein Repertoire umfasst in der Mehrheit CDU, CSU,Grüne und FDP Namen und Tätigkeiten, man könnte also feststellen, eine astreine SPD Veranstaltung, oder?

30. Dezember

Elektronische Gesundheitskarte

Achtung, für Mitglieder einer Krankenversicherung: Ab Übermorgen, also dem 01. Januar 2014, dürfen die Ärzte nur in Ausnahmefällen und für begrenzte Zeit die alte Gesundheitskarte entgegen nehmen. Wer dann nicht rechtzeitig, nach ca. 14 Tagen die neue Karte nachliefert, kann privat zur Kasse gebeten werden!

31. Dezember

Hallo Freunde, Leser und Interessierte. Das waren meine Beobachtungen im Jahre 2013. Ich hoffe ihr werdet mir alle in 2014 treu bleiben und eventuell noch den einen oder anderen auf meinen Blog aufmerksam machen. In diesen Sinne wünsche ich Euch allen einen guten Rutsch, viel Gesundheit und Glück in 2014.

H.-J. St. - Dikusch meint